Denise Ritter
mini-handbuch Lebensentwürfe coachen

Denise Ritter

mini-handbuch Lebensentwürfe coachen

BELTZ

DENISE RITTER, Jg. 1983, Staatsexamen Lehramt, Aufbaustudium im Qualitätsmanagement, Trainerin im Bereich Academic Staff Development, Heilpraktikerin für Psychotherapie, Aus- und Weiterbildung in humanistischer Gesprächstherapie, systemischer Einzel-, Paar- und Familientherapie, Kunsttherapie, Coaching für Hoch- und Vielbegabte, Hochsensible und andere, ist Pionierin und Begründerin von Urbanes Coaching®. Dieser innovative Ansatz nutzt das Atmosphärische von Städten, Einflüsse aus Kunst und Kultur und orientiert sich am Puls der Zeit. Als unkonventioneller Private- und Business-Coach unterstützt sie Menschen bei der mutigen Realisierung ihres Lebens- und/oder Unternehmensentwurfs und verhilft zu Durchbrüchen in der persönlichen, zwischenmenschlichen und unternehmerischen Entwicklung. Sie verfügt über einen wissenschaftlichen und therapeutischen Hintergrund und ist seit zehn Jahren als Coach für Unternehmerinnen und Unternehmer, Führungskräfte und entwicklungswillige Privatpersonen tätig. Workshops, Fachartikel und ein eigener Blog mit wachsender Lesercommunity runden ihr Portfolio ab.

Dieses Buch ist auch erhältlich als:
ISBN 978-3-407-36762-4 Print
ISBN 978-3-407-36766-2 E-Book (PDF)

1. Auflage 2021

in der Verlagsgruppe Beltz · Weinheim Basel
Werderstraße 10, 69469 Weinheim

Lektorat: Ingeborg Sachsenmeier
Umschlagillustration: Jonathan Bachmann
Herstellung: Victoria Larson
Satz: publish4you, Roßleben-Wiehe
Druck und Bindung: Beltz Grafische Betriebe, Bad Langensalza
Printed in Germany

Weitere Informationen zu unseren Autor_innen und Titeln
finden Sie unter: www.beltz.de

Inhaltsverzeichnis

TEIL 3
DAS ARBEITEN AM LEBENSENTWURF MIT DEM 6E-MODELL

TEIL 4
ANHANG

Intro

Was willst du leben?
Wer willst du sein?
Wie? Und wozu?
Worüber wirst du lachen? Woran dich erfreuen?
Welchen Tätigkeiten wirst nachgehen?
Wie wirst und willst du arbeiten?
Was ist das für dich überhaupt: Arbeit?
Und Erfolg?
Worüber wirst du dich ärgern?
Welche Fehler willst du machen?
Was werden deine Leidenschaften?
Was willst du lernen? Wie?
Wie wirst du lieben? Was und wen?
Was soll Liebe für dich sein?
Wie willst du dich lieben?
Worüber willst du weinen?
Was darf dich schmerzen?
Was wirst du bereuen, verzeihen – und was geht wirklich gar nicht?
Wen wirst du verletzen?
Was willst du sehen von der Welt?
Wie wirst du reisen? Und zu welchem Zweck?
Was ist mit Geld? Wie wird es kommen? In welchen Mengen? Und wohin soll es fließen?
Wann fühlst du dich reich – innerlich?
Was macht dir Angst? Was gibt dir Halt?
Was bedeutet Mut? Und Selbstvertrauen?
Wie zeigt sich deine Kreativität?
An welchen Projekten willst du werkeln?
Auf welche Menschen willst du zugehen?
Wem wirst du dich verschließen?

Was willst du stärken?
Was wirst du erschaffen, auch mit anderen?
Was willst du Menschen geben?
Was wird dich erfüllen?
Was werden deine Zeiten, deine Räume sein?
Wo sind Lieblingsorte, Alltagsinseln?
Wie wirst du entspannen?
Wie essen, dich bewegen, deinen Körper pflegen?
Wie werden schöne Tage aussehen?
Wie werden sie beginnen?
Was wird dir die Natur bedeuten?
Wann fühlst du dich verbunden?
Wie wirst du schlafen? Und wie willst du sterben?
Welche Träume willst du leben?
Was soll dich im Herzen tief bewegen?
Für was wirst du kämpfen?
Was hat die Kraft, dich wachzurütteln?
Welchen Gedanken wirst du folgen?
Welchen Werten?
Welcher Sinn zieht durch dein Leben?
Was lebst und fühlst du intensiv?
Was wirst du nicht vergessen wollen?
Woran wirst du dich erinnern?
Was willst du gefeiert haben?
Was wirst du vielleicht versäumen?
Wofür wirst du dich zutiefst bedanken?
Vor welcher Kraft verneigst du dich?
Was willst du leben?
Wer willst du sein?

Lebe!
DEIN LEBEN.

Vorwort

Jeder Mensch hat ein Leben. Es macht Sinn, es auch tatsächlich zu gestalten.

Die Frage, was einen gelingenden Lebensentwurf ausmacht, und wie es überhaupt dazu kommt, dass ein Mensch sich auf erstaunliche Art und Weise weiterentwickelt, sein einzigartiges Potenzial erkennt und kreativ ausschöpft, hat mich seit jeher interessiert. Ich finde es faszinierend, genau zu ergründen, was das Leben im Wesentlichen ausmacht, und was Menschen hilft, ihr Leben selbstbestimmt und erfüllt zu gestalten.

Dieses Mini-Handbuch basiert auf meinen persönlichen Erkenntnissen und Erfahrungen, die ich im Laufe der Jahre im Coaching und in der Psychotherapie gewonnen habe. Ich habe ein Modell entwickelt, mit dessen Hilfe Menschen ihren eigenen Lebensentwurf selbstbestimmt, bewusst und kreativ gestalten können. Es fördert die persönliche Weiterentwicklung und bietet wertvolle Orientierung für eine bewusste Lebensführung. Es kann im Coaching, in der Therapie und der Beratung eingesetzt werden. Ich freue mich, dass Sie eigene Erfahrungen und Erkenntnisse damit sammeln und andere bei der Suche begleiten möchten.

Ich möchte Sie mit diesem Buch nicht dazu verpflichten, beim Coachen von Lebensentwürfen exakt oder gar ausschließlich nach diesem Modell zu arbeiten. Vielmehr möchte ich Ihnen einen inspirierenden Prototypen, ein nützliches Gerüst an die Hand geben, das Sie in Ihre Praxis integrieren und mit eigenen Erfahrungen, Instrumentarien und Fertigkeiten kombinieren können. Darüber hinaus möchte ich Sie für bedeutsame Aspekte und mögliche Herausforderungen sensibilisieren und anregende Einblicke und Anstöße geben, wie Sie Menschen in ihrer Selbstverwirklichung sinnvoll und wirkungsvoll unterstützen können.

Mit dem Mini-Handbuch können Sie Ihre fachlichen Kenntnisse und Fähigkeiten ausbauen. Wissensinseln vertiefen zudem das theoretische Wissen. Tipps, Umsetzung und Fallbeispiele zeigen die praktische Seite.

Ich freue mich, wenn das Mini-Handbuch Sie dazu motiviert, gemeinsam mit Ihren Coachees kreativ an deren Lebensentwürfen zu arbeiten und so eine neue Lebenswirklichkeit zu erschaffen.

Denise Ritter

DIE ICONS

WISSENSINSEL: Die Wissensinsel gibt Ihnen theoretische Einblicke, erläutert wichtige wissenschaftliche Erkenntnisse und Fachbegriffe.

TIPPS: Hier erhalten Sie Empfehlungen und Hinweise, worauf Sie im Coaching besonders achten sollen, und nützliche Anregungen, wie Sie sich im Coaching spezifischen Themen und Fragestellungen konkret widmen können.

UMSETZUNG: Hier können Sie sich mit Übungen und Coaching-Tools vertraut machen, die sich in der Praxis bewährt haben. Sie erfahren, wie Sie sie selbst in Ihrer Arbeit einsetzen können.

FALLBEISPIELE: Diese geben Einblicke in die alltägliche Praxis und vermitteln Ihnen einen realistischen Eindruck von Situationen, die im Coaching auftreten können. Sie vermitteln wertvolle Erfahrungen und fördern die lebendige Auseinandersetzung mit den Inhalten.

DOWNLOADS: Dieses Icon signalisiert, dass es Unterlagen bei den Online-Materialien auf der Beltz-Homepage gibt.

Teil 1

Der Lebensentwurf

Definition – Einflussfaktoren – Kontext

Sein Leben gestalten zu können ist ein gigantisches Geschenk. »Ein Leben zu haben« bedeutet: mit einer Fülle von Anlagen, Eigenschaften, Merkmalen, Fähigkeiten, Talenten, Potenzialen, Bedürfnissen, Interessen, Wünschen, Träumen und vielem mehr gesegnet zu sein und diese – zumindest in unserer Gesellschaft – weitgehend selbstgewählt und selbstwirksam in diese Welt einbringen und zur persönlichen Selbstverwirklichung einsetzen zu können. Die Frage ist, inwieweit sich Menschen dessen bewusst sind und innerhalb ihres Lebens die Gestaltung ergreifen beziehungsweise mit ihrem Leben schöpferisch umgehen. Inwieweit leben sie erfinderisch und selbstbestimmt? Inwieweit ist ihnen klar, dass sie nicht nur Teil dieser Welt sind, sondern auch aktive Mitgestalter und Erschaffer dieser Welt?

In diesem Zusammenhang ist »Du hast nur einen Ursprung, aber tausend Möglichkeiten« (Herkunft unbekannt) eines meiner absoluten Lieblingszitate. Es beschreibt so schön, wie überaus »reich« und einzigartig wir Menschen in diese Welt geboren werden, und welche unzähligen Möglichkeiten und Schätze sich uns im Verlauf und der Gestaltung des Lebens immer wieder eröffnen. Wir haben wirklich die Möglichkeit, erfüllt zu leben. Natürlich nicht grenzenlos und uneingeschränkt, aber doch in sehr vielen Bereichen, und oftmals in mehr Aspekten, als wir vermuten und denken. Kreativität ist in diesem Zusammenhang ein wichtiges Stichwort. Sie erlaubt uns, schöpferisch mit Herausforderungen und Problemen umzugehen und eigene Lösungen zu finden. Sie ermöglicht uns, innovativ und erfinderisch zu leben.

Manchmal kann das Gestalten des eigenen Lebens jedoch erschwert sein, beispielsweise dann, wenn wir persönlich über- oder unterfordert sind. So kann es passieren, dass wir gedanklich, emotional und/oder verhaltensmäßig in eine schwierige Situation gelangen und uns fragen, wie das eigene Leben gut und sinnvoll weitergestaltet werden kann. Der eigene Lebensentwurf, die bisherige, aktuelle und anvisierte, zukünftige Lebensweise werden infrage gestellt.

An diesem Punkt kommen Menschen häufig in die Beratung, buchen ein Coaching oder beginnen eine Psychotherapie. Sie möchten die an sie gerichteten Herausforderungen bewältigen und verstehen sowie Klarheit über die eigene Lebensgestaltung gewinnen. Sie möchten gestärkt aus der Krise hervorgehen. Sie sind bestrebt und gewillt, sich und/oder ihr Leben in Zukunft neu auszurichten. In diesem Kontext erkennen sie für sich ein wichtiges Lern- oder Entwicklungsfeld.

Wenn es Ihnen im Coaching, in der Beratung oder Therapie gelingt, in der gemeinsamen Arbeit eine positive Sicht auf das Leben, die eigenen Chancen und Möglichkeiten zu entwickeln und einen bewussten, verantwortungsvollen Umgang mit der eigenen Potenz und »Wirkkraft« zu schaffen, ist aus meiner Sicht der wichtigste Grundstein gelegt.

»Das Leben ist gestaltbar – von mir.« Auf dieser zentralen Erkenntnis basiert die Arbeit mit dem eigenen Lebensentwurf. Sie ist die Initialzündung und die Voraussetzung für den gesamten, sich daran anschließenden Prozess, das Leben selbst.

DOCH WAS BEDEUTET »LEBENSENTWURF« ÜBERHAUPT?

Der Begriff »Lebensentwurf« erfährt meinem Eindruck zufolge derzeit eine große Beliebtheit und findet in vielen Kreisen und unterschiedlichen Kontexten Anwendung. Gleichwohl erlebe ich, dass meistens kein klares Verständnis und keine Definition zugrunde gelegt wird. Viele denken bei Lebensentwurf sofort an »Lebensplanung«. Hierbei wird der eigene Lebensverlauf gedanklich vorweggenommen. Es werden Ziele – erwünschte Lebensinhalte, -situationen und -bedingungen – für die Zukunft festgelegt, die es durch eine ganz bestimmte, möglichst geradlinige (»effektive«) Lebensweise und energische Handlungsschritte zu erreichen gilt. Die Lebensplanung konzentriert sich dabei vorrangig auf quantifizierbare Lebensereignisse und -entwicklungen.

Den Klassiker aus früheren Zeiten werden Sie ganz sicher kennen: »Ich möchte studieren, heiraten, ein Haus bauen, ein oder zwei Kinder haben, ein tolles Auto fahren, mindestens soundso viel Euros pro Jahr verdienen und zweimal im Jahr Urlaub im Ausland machen. Im Alter will ich eine gute Rente und einen Zweitwohnsitz in der Nähe des Meeres haben.«

Die modernere Variante kann lauten: »Ich möchte studieren, für ein Jahr ins Ausland gehen, herumreisen und anschließend ein erfolgreiches Unternehmen gründen, mit meiner Familie an unterschiedlichen Orten der Welt leben, ein Buch schreiben und ein abwechslungsreiches Leben führen.«

Qualitative Ziele wie zum Beispiel der Wunsch, Selbstliebe und Selbstfürsorge zu praktizieren, eine innige und achtsame Beziehung zur Natur pflegen zu wollen oder Ähnliches finden dagegen wenig bis gar kaum Beachtung, wenn vom eigenen Lebensplan oder der Lebensplanung gesprochen wird.

Der Fokus liegt meist darauf, im Leben messbare (End-)Ergebnisse zu erreichen und im Beruflichen oder Privaten einen bestimmten Lebensumstand oder -status zu manifestieren. Hier besteht die Gefahr, dass die Entwicklung und der Weg der Gestaltung dorthin als notwendiges Übel verkannt und damit abgewertet werden. Das Ziel wird dann zum Fixpunkt der eigenen Aufmerksamkeit und der Prozess des Lebens als Wert selbst vernachlässigt. Eine Partnerschaft kann zum Beispiel eine extrem wertvolle Erfahrung bedeuten, selbst wenn sie nicht wie erhofft anhält. Oder eine Ausbildung wird zur großen Bereicherung für die persönliche Entwicklung, auch wenn die Prüfung am Ende nicht bestanden wird und sich die berufliche Entfaltung unerwartet auf einen anderen Bereich verlagert.

TIPPS

Diesen Aspekt verdeutliche ich gern mit dem Bild eines Raums. Die Lebensplanung konzentriert sich darauf, den vorhandenen Raum möglichst auf direktem Weg zu durchschreiten, um schnell zur nächsten Tür zu gelangen, da dahinter etwas Großes vermutet oder erwartet wird. Das Wahrnehmen, Erleben und Durchschreiten des Raums selbst ist eher nebensächlich, eine Art Mittel zum Zweck, und erfährt demzufolge eher wenig Beachtung und Aufmerksamkeit. Folglich ist die Enttäuschung groß, wenn hinter der Tür nicht das Erhoffte (zum Beispiel Glück, Liebe, Geld, Erfolg) wartet. Genauso verhält es sich, wenn die Tür aus welchen Gründen auch immer nicht erreicht wird oder der Weg zur Tür plötzlich verbaut ist. Der zurückgelegte Weg erscheint dann sinnlos oder umsonst.

Anders beim Lebensentwurf: Hier folgt das Leben nicht ausschließlich einem »gedanklich vorgetrampelten« Pfad, und hier zählt ganz unabhängig vom Weg der Raum selbst und erscheint bedeutsam und von Wert. Das Glück hängt nicht an einem bestimmten Weg und/oder Zielpunkt. Es ist – zumindest potenziell – allgegenwärtig, und es gibt unterschiedliche Möglichkeiten, um individuell mit ihm in Kontakt zu kommen. Demzufolge ist jeder Lebensentwurf einzigartig, und jeder Schritt führt zu einer subjektiven Empfindung und Erfahrung. Gleichzeitig wird der gesamte Kosmos, das Leben in seiner Dimension und Komplexität, in einem umfassenderen Sinn wahrgenommen und erfahren.

Dass sich Lebenssinn, Lebensfreude und Lebensqualität nicht nur summativ, sondern auch formativ einstellen können, gerät bei der Lebensplanung also leicht außer Acht.

Der Begriff Lebensplanung steht grundsätzlich für eine sehr verstandesorientierte Sicht- und Herangehensweise. Er suggeriert, dass sich das Leben vom Kopf her planen und steuern und damit in gewisser Weise beherrschen und kontrollieren lässt. Das menschliche Sicherheitsbedürfnis wird (scheinbar) befriedigt. Ganz nach dem Motto: »Wenn ich mir das vornehme und dieses tue, erreiche ich jenes.«

Doch so verhält es sich eben nicht. Das Leben durchkreuzt Pläne – und zwar regelmäßig. Ich habe noch niemals einen Menschen freudvoll sagen hören: »Mein Leben läuft voll nach Plan.« Oder: »Mein (Lebens-)Plan ist wunderbar aufgegangen.« Sie vielleicht?

Es ist meine volle Überzeugung, dass man mit dieser Haltung und dieser Erwartung nur scheitern kann – insbesondere in der heutigen Zeit, in der das menschliche Leben von Tag zu Tag vielfältiger und komplexer wird und in vielen Bereichen eine erhebliche Beschleunigung und Transformation erfährt. Vor diesem Hintergrund kann Lebensplanung sehr frustrierend sein und das Selbstwertgefühl erheblich angreifen. Es fällt dann schwer, zu akzeptieren, dass die Lebensrealität vom selbst Gewählten und Erwünschten abweicht und einen anderen Lauf und eine andere Richtung nimmt. Das Leben richtet sich nun mal nicht ausschließlich nach unseren Wünschen, Bedürfnissen und Erwartungen. Dies belegen unzählige Biografien und Lebensgeschichten. Doch es bietet eine Fülle von Erkenntnissen, Erfahrungen und Chancen, die uns dem großen Ganzen, das wir uns wünschen, ziemlich nah bringen können. Wir können uns vieles vornehmen und realisieren, den Weg dorthin aber nicht absichern und vorhersagen. Wir sind eben nicht allein schöpferisch tätig in dieser Welt, sondern ein Teil der Schöpfung, an der alle Menschen jederzeit mitwirken.

Ein sinnorientiertes, erfülltes Dasein ist aus meiner Sicht auch kein erreichbarer Dauerzustand, kein planbarer Hochgenuss – vornehmlich nicht heutzutage. Es ist unmöglich, sämtliche Bereiche des Lebens konstant auf einem klar definierten Niveau zu halten und in gleichbleibender Qualität zu erfahren. Unser Leben, unser Körper, unser Fühlen und Denken, unser Verhalten, unsere Umwelt – alles verändert sich von Tag zu Tag und entwickelt sich mit einer gewissen Eigendynamik, ganz gleich, ob wir bewusst oder unbewusst, aktiv oder passiv daran mitwirken. Das Leben ist bewegt. Es schwingt, geht auf und geht ab. Aus diesem Grund sind existenzielle Fragen wie »Was macht mich glücklich? Was erfüllt mich?« nicht einmalig zu stellen und zu beantworten, sondern immer wieder neu. Die Herausforderung besteht darin, sich und den damit verbundenen Sinn des Lebens ständig neu zu (er-)finden, um möglichst viele erfüllende Momente, Begegnungen und Erfahrungen gestalten und sammeln zu können. Das eigene Glück ist meinem Verständnis nach also nicht etwas, das mit Erreichen von x oder y zufällt und dann fortbesteht, sondern je nach Kontext, Situation und Bedürfnis individuell geformt und empfunden wird.

Eine gute Mischung aus Urvertrauen und Kreativität ist notwendig, um sinnvolle Handlungsräume für sich zu gestalten. Sie wird uns Menschen immer wieder abverlangt, wenn es darum geht, persönliche Potenziale voll auszuschöpfen und unerwartete, scheinbar unlösbare Herausforderungen und Probleme positiv zu bewältigen.

Früher war es primär von Bedeutung, einen gesellschaftlich anerkannten Lebensplan möglichst linear zu verfolgen, auch dann, wenn persönliche Werte sich wandelten und plötzlich große Sehnsucht nach einer anderen Lebensweise oder -form aufkam. Das eigene Leben wurde keineswegs so offen und nicht in dem Maße hinterfragt wie heute. Was begonnen wurde, musste fortgeführt oder zu Ende gebracht werden. Heute sind Umbrüche gesellschaftlich akzeptiert und anerkannt, auch jenseits der Norm. Und Menschen gehen mehr und mehr dazu über, das Leben vielfältig zu explorieren. Es ist möglich, sich und das eigene Leben wiederholt neu auszurichten und privat wie beruflich in hohem Maße authentisch zu leben. Die Selbsterkenntnis, die Selbstverwirklichung und die Sinnhaftigkeit des eigenen Lebens stehen im Vordergrund. Gleichzeitig rücken mehr und mehr auch co-evolutionäre und co-kreative Entwicklungen in den Fokus der persönlichen Lebensgestaltung. Das eigene Leben wird in einen größeren, gemeinsamen Schaffenskontext eingebettet, an kollektiven Werten ausgerichtet und die Art und Qualität in dieser Welt zu leben so insgesamt transformiert.

Ich persönlich empfehle daher mit den Begriffen Lebensentwurf und Lebensgestaltung zu arbeiten. Sie geben uns die Freiheit, uns in aktiver, lebendiger Auseinandersetzung mit uns, unserem Leben und der Umwelt neu zu erfinden, zu erfahren und weiter zu entwickeln.

Die folgende Gegenüberstellung zeigt, was Lebensplanung von Lebensentwurfsgestaltung im Wesentlichen unterscheidet.

LEBENSPLAN VERSUS LEBENSENTWURF		
	LEBENSPLAN 	LEBENSENTWURF 
Konzept	• Plan des Lebens, Plan fürs Leben • statisch, geschlossen, bindend • möglichst keine oder nur unbedingt notwendige Anpassungen • häufig an gesellschaftlichen Normen ausgerichtet • traditionelle, klassische Lebensverläufe • wichtige Pfeiler: generelle Lebensgestaltung, biografische »Meilensteine«, berufliche Erfolge, soziale Rollen und Status, wichtige Lebensereignisse, Lebensumwelt, Verbesserung des Lebensstils	• Entwurf zum Leben, Entwurf, um zu leben • dynamisch, offen, flexibel • beständige (fluide) Anpassung, Veränderung, Transformation • sinn-, wert- und bedürfnisorientiert • individuelle und zum Teil disruptive Lebensverläufe • wichtige Pfeiler: Selbstverwirklichung (ganzheitlich, alltäglich sowie spezifisch) und Potenzialentfaltung, innerpsychische Vorgänge, Wert und Sinnhaftigkeit des eigenen Lebens, Umweltbezug (co-kreativ)
Erwartung/ Einstellung	Mein Leben soll verlaufen, wie ich es mir vorstelle und geplant habe.	Ich gestalte mein Leben proaktiv und selbstwirksam.
Fokus	• Haben … • Erreichen … • Schaffen …	• Sein … • Gestalten … • Erleben …
Eigenschaften	• rationale, fixe Vorstellung und Konzeption • überwiegend quantitative Elemente	• intuitive Vorstellung, variable Konzeption • Mix aus qualitativ und quantitativ

In der Praxis arbeite ich gern mit dem Bild des Töpferns. Lebensplanung bedeutet: Ich zeichne die Tasse, die ich töpfern möchte. Ich bestimme Form, Höhe, Durchmesser, Füllmenge, Farbe und Gestalt. Dann beginne ich zielstrebig und zügig mit der Arbeit. Kommt es aufgrund von äußeren Einflüssen, meiner eigenen Arbeitsweise oder der Beschaffenheit des Materials dazu, dass die Tasse etwas anders wird, als eigentlich geplant, bin ich keineswegs vollkommen zufrieden und durchaus ein wenig frustriert. Vielleicht hätte ich doch besser etwas anderes machen oder mich mehr anstrengen sollen? Lebensentwurf bedeutet: Ich fertige eine grobe Skizze an. Ich habe eine ziemlich genaue Vorstellung von der Größe, der Höhe, der Füllmenge und der Form, die die Tasse haben soll. Wichtig sind mir vor allem: die Farbe, ein sattes Minzgrün soll es sein, die Tasse soll gut in der Hand liegen und sich gut anfühlen und einen breiten Henkel haben. Dann lege ich eine schöne Musik auf und bearbeite den Ton. Plötzlich stellt sich heraus, dass der Ton nicht ausreicht, um einen breiten Henkel zu machen. Ich entscheide, den Henkel wegzulassen und die Seitenwände zu verdicken. Die Tasse sieht am Ende anders aus als die skizzierte, aber der Farbton ist getroffen, die Tasse fühlt sich recht gut an, und es hat Spaß gemacht. Für die nächste Tasse kaufe ich etwas mehr Ton.

Beim Lebensentwurf wird also ebenfalls geplant und bestimmte Parameter im Vorfeld aufgerufen oder festgelegt. Die Haltung hierbei ist jedoch eine ganz andere. Es besteht nicht die Erwartung, dass das Leben sich exakt so entwickelt. Es ist bewusst, dass die persönliche Entwicklung und Lebensweise von vielen Faktoren abhängig ist und unter Berücksichtigung des Kontexts und äußerer Einflüsse beständig angepasst, überarbeitet und unter Umständen sogar komplett neu überdacht und ausgestaltet werden muss. Herausforderungen werden kreativ gelöst, Abweichungen vom ursprünglich Erdachten und Gewollten werden als natürliches Phänomen angesehen. Es beeinträchtigt den Selbstwert und das Grundvertrauen ins Leben nicht, sondern es steigert die individuelle Lebensgestaltungskompetenz.

WISSENSINSEL

Psychologische Entwicklungstheorien beinhalten modellhafte Vorstellungen über die menschliche Entwicklung und beschäftigen sich mit den Bedingungen, die diese beeinflussen. Sie stehen mit unterschiedlichen Menschenbildern in Verbindung und unterscheiden sich im Wesentlichen durch den gestalterischen Einfluss, der dem Individuum beziehungsweise der Umwelt zugeschrieben wird.

Selbstgestaltungstheorien gehen davon aus, dass die menschliche Entwicklung nicht in erster Linie durch strukturgenetische Prozesse und biologische Reifung gesteuert wird. Sie entsprechen einem humanistischen Menschenbild und sehen den Menschen als reflexives Wesen, das seine Entwicklung vornehmlich selbst gestaltet.

Interaktionistische Theorien schreiben dem Menschen ebenfalls eine aktive Rolle zu, fassen Entwicklung aber insgesamt als einen Prozess auf, der sich im wechselseitigen Austausch zwischen Menschen und Umwelt vollzieht und gegenseitig beeinflusst. Sowohl der Mensch als auch die Umwelt verändern sich und bilden ein Gesamtsystem, welches die menschliche Entwicklung beeinflusst.

Meiner Definition nach ist der Lebensentwurf ein inneres Bild, eine komplexe, sinnhafte, intuitive und zugleich kognitive Vorstellung (Vision) der persönlichen Lebensabsichten und Selbstverwirklichung über eine bestimmte Lebensspanne hinweg. Er repräsentiert die individuelle Vorstellung des aktuell und/oder zukünftig Lebenswerten, ist ein Entwurf zum Leben. Er bietet Orientierung in der persönlichen Lebensgestaltung und wird zur selbstverantwortlichen Ausrichtung, Anpassung, Gestaltung und Weiterentwicklung der eigenen Lebensweise in verschiedenen Lebensphasen und -kontexten ausgelegt und herangezogen. Der Lebensentwurf ist auf die bewusste Gestaltung des gegenwärtigen und zukünftigen Lebens bezogen und beruht auf persönlichen Werten, Bedürfnissen, Erfahrungen, Prägungen, Idealen und Wünschen. Er steht in lebendiger Wechselbeziehung (Resonanz) zu anderen Menschen, zur Natur und zur Umwelt und unterliegt co-evolutionären Entwicklungen, Umständen und Einflussfaktoren. Demzufolge ist er gekennzeichnet durch beständige Entwicklung und Transformation. Qualitative und quantitative, kognitive und intuitive sowie kreative und sinnliche – auch spirituelle – Aspekte und Betrachtungen fließen ein.

Wenn ich vom Lebensentwurf als innerem Bild spreche, so meine ich damit in erster Linie das innere, bildliche Sich-Vergegenwärtigen des aus persönlicher Sicht Lebenswerten, künftig Möglichen. Dieses innere Bild wird kognitiv kreiert und/oder erschließt sich instinktiv und wird der eigenen Lebensgestaltung prototypisch zugrunde gelegt (s. Abbildung auf der nächsten Seite).

Unter Lebensgestaltung verstehe ich sämtliche Aktivitäten, die unternommen werden, um ein individuelles, selbstverantwortliches und selbstwirksames Leben zu führen. Lebensgestaltung erachte ich als komplexen Vorgang und Zyklus, der sich zwischen inneren und äußeren Anforderungen vollzieht, zahlreiche Aufgaben umfasst und sich auf unterschiedliche Bereiche des persönlichen Lebens erstreckt. Im Hinblick auf die Verwirklichung des eigenen Lebensentwurfs ist die proaktive Rolle von zentraler Bedeutung. Das bedeutet: Es wird versucht durch selbstbestimmte, vorausblickende Handlungen und intelligente Interaktionen mit der Umwelt gewisse Entwicklungen oder Situationen im Lebenskontext eigenmächtig zu fördern oder herbeizuführen.

Konkret bedeutet dies: Ich kann in meinem Leben vieles gestalten, kann mich in meinem Leben in hohem Maße selbst entfalten und verwirklichen, auf viele Situationen selbstbestimmt und zielgerichtet Einfluss nehmen (zum Beispiel indem ich meiner Berufung nachgehe). Und doch kann ich mein Leben nicht planen, steuern oder gar kontrollieren. Mein Leben wird maßgeblich von mir selbst kreiert, aber eben nicht allein. Die Natur, die Umwelt, die Technik,

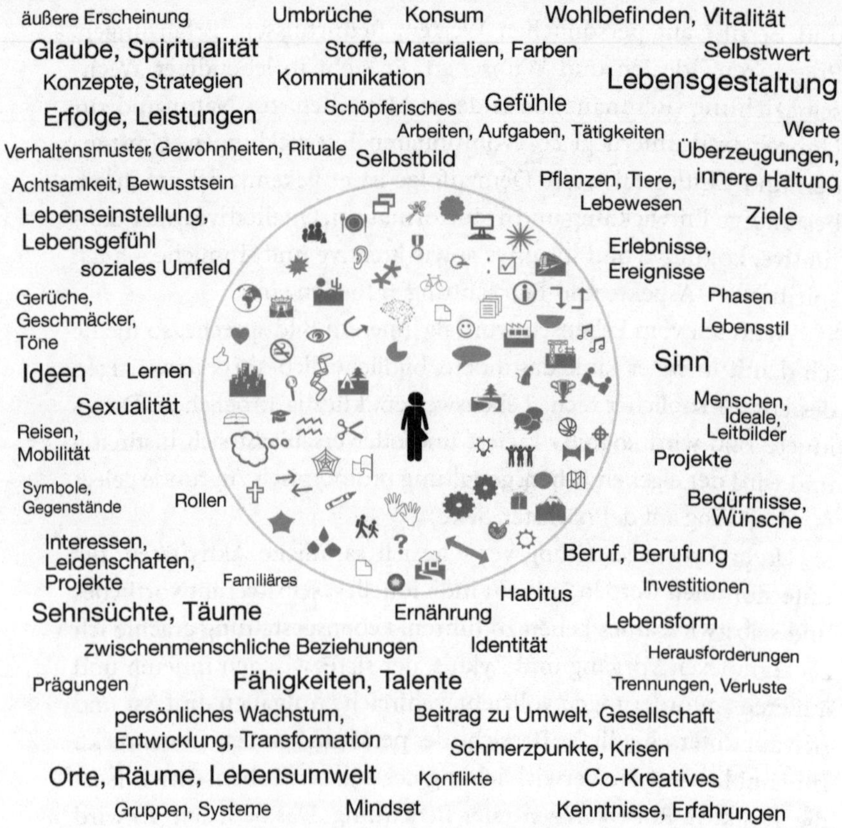

die Mitmenschen … nehmen ebenfalls Einfluss und wirken direkt oder indirekt kollektiv mit. Menschliche Entwicklung ist das Ergebnis von schöpferischer Selbsttätigkeit und gemeinschaftlicher Interaktion (Co-Kreation). Es ist uns nicht ständig bewusst, doch tatsächlich wirken auf das menschliche Leben so viele Kräfte ein, dass es in Summe kaum zu begreifen ist. Umgekehrt nehmen wir selbst – bewusst oder unbewusst – permanent Einfluss. In Anbetracht dessen ist es nicht verwunderlich, dass das menschliche Leben eine komplexe Aufgabe und Herausforderung ist. Sie ist im wahrsten Sinne des Wortes eine Lebensaufgabe, ein Lebenswerk.

MENSCH	EINFLUSSFAKTOREN
	• genetische: zum Beispiel persönliche Veranlagung, persönliches Potenzial, Geschlecht, Intelligenz, Temperament • biologische: Lebensalter, Lebenserwartung, Fruchtbarkeit, Gesundheit, chronische Erkrankungen und so weiter • physische: zum Beispiel Körperbau und -form, Konstitution, Gewicht, äußere Merkmale • psychische: zum Beispiel Identität, Vulnerabilität, Resilienz • biografische: beispielsweise Herkunft, Geburt, Schlüsselerlebnisse, Lebenserfahrung, Traumatisierungen • wirtschaftliche: zum Beispiel Einkommen, Rücklagen • soziale: Erziehung, Milieus, Peer- Groups und anderes • berufliche: zum Beispiel Arbeitsverhältnis, Tätigkeit, Branche, Kontext • individuelle: Ideen, Interessen, Werte, Vorlieben
UMWELT	EINFLUSSFAKTOREN
	• kulturelle: Tradition, Bildung, Geschlechterrollen und so weiter • gesellschaftliche: zum Beispiel Normen, Trends, Zeitgeist • soziale: Beziehungen, Netzwerke, Unterstützungssysteme und Ähnliches • familiäre: beispielsweise Erziehung, Lernen, Rollen, Vorbilder • geografische: zum Beispiel Infrastruktur, Architektur • ökologische: Globalisierung, Klimawandel, Pandemie … • politische: zum Beispiel Bewegungen, Reformen, Krisen • historische Einflüsse: Epoche, Strömungen, Kriege und vieles mehr • technische Einflüsse: zum Beispiel Medien, Digitalisierung, Mobilität • staatliche: zum Beispiel Gesetzgebung, Förderangebote, Hilfen, Ressourcen

Es ist also extrem wichtig, wahrzunehmen, worauf die Coachees selbst persönlichen Einfluss haben oder nehmen können, in welchen Zusammenhängen und Wechselbeziehungen sie sich befinden und wo sie mit bestimmten Begebenheiten zu leben haben und diese nur zum Teil, nicht oder nur sehr schwer ändern und beeinflussen können. Der Begriff Lebensentwurf impliziert schon, dass das Leben voraussichtlich nicht genau so verlaufen wird, wie gewünscht. Es

werden immer wieder neue, modifizierte Entwürfe benötigt, um die persönliche Lebensweise befriedigend an innere und äußere Anforderungen anzupassen. Anders als bei der Lebensplanung wird diese »Natur des Lebens« bereitwillig akzeptiert. Auf manches haben die Coachees mehr, auf anderes weniger Einfluss, auf manches nahezu überhaupt keinen. Jedoch können Veränderungen in der Lebensgestaltung dazu führen, dass sich die Verhältnisse ändern.

Zentrale Fragen in der Arbeit mit dem Lebensentwurf sind daher immer: Worauf können und wollen die Coachees selbst Einfluss nehmen? Wo und inwieweit wollen sie ihre schöpferische, gestaltende Kraft bestmöglich einsetzen? In welche Richtung wollen sie sich und ihr Leben nach Möglichkeit weiterentwickeln? Welche Gestaltungsräume bieten sich, und wie möchten sie sie nutzen? Was möchten sie in dieser Welt schöpferisch bewirken? Und was macht sie persönlich glücklich und zufrieden?

Lebenszeit und Lebenskräfte sind begrenzt: Und natürlich gelingt es nicht immer, auf Anhieb passende Lebenswege für sich zu finden.

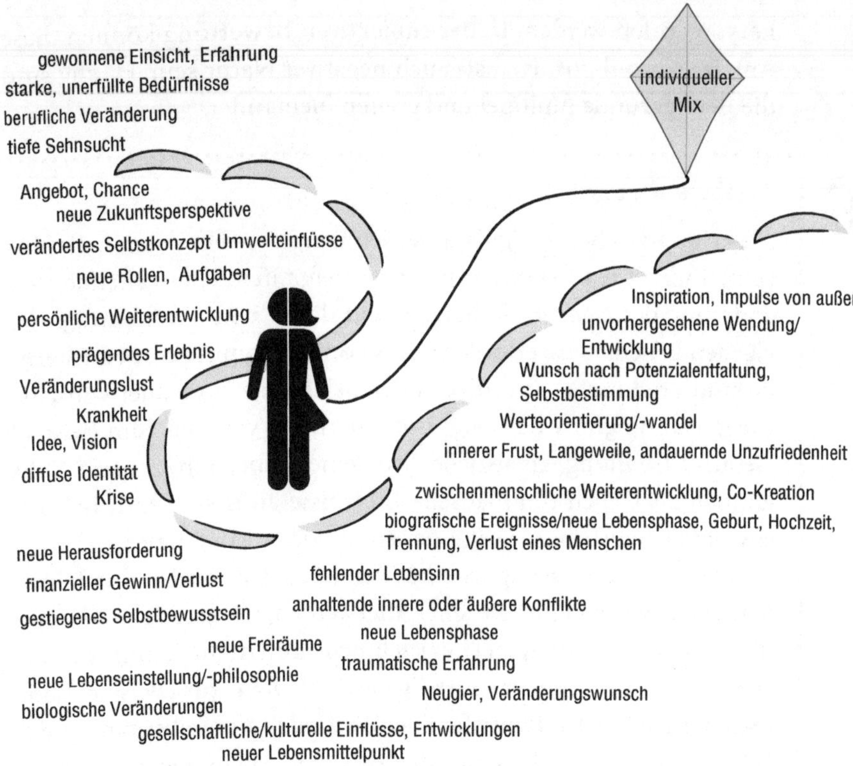

Demzufolge ist es von Vorteil, sich klug mit dem eigenen Lebensentwurf zu befassen und das Leben so achtsam, bewusst und kreativ wie möglich zu gestalten. Die Gestaltung des eigenen Lebensentwurfs ist wertvoller Bestandteil und Aufgabe menschlicher Entwicklung. Wir reagieren damit auf veränderte, innere und/oder äußere Entwicklungen und Umstände. Er ermöglicht uns, unsere Aufmerksamkeit auf wichtige Bereiche und Aspekte zu lenken sowie Veränderungen und Inkonsistenzen im Leben selbstwirksam und proaktiv zu begegnen. Als Coach begleiten Sie die Coachees in diesem Prozess.

Das Bestreben sich und/oder Bereiche seines Lebens neu zu erfinden und zu gestalten kann innerlich und durch eigenes Verhalten motiviert sein und/oder durch äußere Anreize oder Umstände hervorgerufen werden. In der subjektiven Bewertung können diese Anreize sowohl positiver, als auch negativer Natur sein. Häufig sind die Beweggründe multipel und greifen ineinander.

WISSENSINSEL

Als kritische Lebensereignisse werden Ereignisse bezeichnet, die einzelne Individuen betreffen und eine tiefgreifende, anhaltende Veränderung des eigenen Verhaltens und damit eine Veränderung der eigenen Lebensweise erfordern. Das können »typische«, bereichernde und erwünschte (positive) oder belastende und unerwünschte (negative) biografische Ereignisse sein. Dazu gehören zum Beispiel Geburt, Trennung, finanzielle Probleme, Erbe, Jobwechsel … Es können aber auch traumatische Ereignisse auftreten, zum Beispiel ein Unfall, häusliche Gewalt oder emotionaler Missbrauch.

Kritische Lebensereignisse können ausgelöst werden durch biologische Faktoren (zum Beispiel Älterwerden, schwere Erkrankung), die Umwelt (zum Beispiel Unternehmensumstrukturierung, Kündigung, Auszug der Kinder) oder eigenes Verhalten (zum Beispiel Kontaktabbruch zur Herkunftsfamilie, Wechsel in die Selbstständigkeit, Scheidung). Ob ein Ereignis als kritisches Lebensereignis wahrgenommen wird oder nicht, hängt vom Ausmaß der subjektiv wahrgenommenen Belastung und der gefühlsmäßigen Bedeutung ab. Grundsätzlich markiert es einen Kristallisations- oder Wendepunkt im Leben und hat zunächst destabilisierende, Stress auslösende Wirkung. Um die psychische Kontinuität sicher- oder wiederherzustellen, müssen Anpassungen und Bewältigungsleistungen erbracht werden (Coping). Kritische Lebensereignisse bergen also eine Chance für die persönliche Weiterentwicklung. Sie können erfolgreich bewältigt werden, wenn es eben gelingt,

- sich neu zu orientieren,
- neue Haltungen, Überzeugungen, Ziele, Gewohnheiten, soziale Rollen und so weiter aufzubauen,

- das eigene Wissen und die eigenen Fähigkeiten zu erweitern oder anders anzuwenden,
- den Stress zu reduzieren und die psychische Stabilität und Freude am Leben wiederherzustellen.

Umgekehrt können Fehlanpassungen zu Störungen führen.

In jedem Fall ist die aktive Gestaltung des Lebensentwurfs eine beachtliche Leistung, die persönliche Motivation voraussetzt und auf unterschiedlichen Ebenen einiges in Bewegung bringt. Dies gelingt erfahrungsgemäß leichter, wenn die Gründe klar auf der Hand liegen und Kopf wie vom Herzen nachvollzogen und mitgetragen werden können. Arbeiten Sie daher die Lebensumstände und Beweggründe Ihrer Coachees klar heraus. Lassen Sie die Coachees sich ganz in Ruhe darüber bewusst werden, warum eine Veränderung in ihrem Leben notwendig ist oder angestrebt wird. Meist sprechen innerlich und äußerlich mehrere, triftige Gründe dafür. Im Coaching sind sie Ausgangspunkt und gleichzeitig treibende Kraft: Die Coachees können sich entschlossen und überzeugt auf Prozess der Transformation einlassen.

O-Töne aus der Praxis:

- »Ich fühle mich so, wie ich jetzt lebe, auf Dauer definitiv nicht wohl.« → Die persönliche Lebensweise entspricht nicht den eigenen Bedürfnissen.
- »Ich bin super erfolgreich, aber nicht glücklich.« → Das Leben ist nicht erfüllend, die Lebensfreude fehlt.
- »Es kommt in meinen Beziehungen andauernd zu Konflikten. Ich bin innerlich unruhig, werde in letzter Zeit andauernd krank. Mit mir und meinem Leben stimmt etwas nicht.« → Die Lebensweise ist ungesund, die psychische Stabilität gefährdet und es gibt ungelöste Schwierigkeiten mit der Umwelt.

- »Ich möchte den ganzen, alten Trott nicht mehr. Ich bin jetzt alt genug, zu leben, wie ich will.« → Es besteht Lust auf Veränderung und Abwechslung, das Selbstbewusstsein ist gestiegen und der Wille selbstbestimmt zu leben, hat sich gefestigt.
- »Mein Lebensstil ist nicht nachhaltig.« → Das eigene Leben soll einem persönlichen Sinn dienen und einen Beitrag für eine gesunde Welt leisten.
- »Mein Leben ist eine Dauerbaustelle.« → Herausforderungen werden nicht bewältigt oder kehren wieder. Es besteht der Wunsch nach mehr Ruhe und Leichtigkeit.
- »Ich spüre, dass ich mein Leben radikal umkrempeln muss, sonst lande ich im Burnout.« → Ein Lebenswandel ist zwingend notwendig, um die psychische Stabilität und körperliche Gesundheit zu schützen.
- »Ich stehe beruflich und privat an wichtigen Weggabelungen: next step oder ganz raus?« → Es besteht der Wunsch, Klarheit über die Lebensgestaltung zu gewinnen und eine Perspektive für die Zukunft zu entwickeln.
- »Ich will mehr aus mir und meinem Leben machen, mein Potenzial endlich ausschöpfen.« → Es gibt ein starkes Bedürfnis, sich selbst zu verwirklichen und das eigene Potenzial auszuschöpfen.
- »Ich habe tausend Ansätze und Ideen, um mein Leben zu gestalten, aber was will ich wirklich leben?« → Die eigene Orientierungslosigkeit soll beendet werden, Ideen sollen zu einem stimmigen Lebensentwurf integriert werden.
- »Ich habe meinen Partner verloren. Ich habe keine Ahnung, wie es weitergehen soll. Wie könnte ein erfülltes Leben in Zukunft aussehen?« → Eine Neuorientierung steht an. Ziel ist, ein erfülltes Leben auch in der Zukunft zu gestalten.

Mit diesen und ähnlichen Anliegen kommen die Coachees zu Ihnen. Sie wünschen sich Begleitung bei den anstehenden Veränderungen. Das Handwerkszeug dazu will Ihnen dieses Mini-Handbuch liefern.

TIPP

Greifen Sie auch später im Coaching auf die genannten, persönlichen Gründe zurück, zum Beispiel in angestrengten oder zweifelhaften Momenten und Situationen. Wer sich bewusst ist, aus welchen Gründen ein neuer Lebensentwurf eingeleitet wurde beziehungsweise wird, hat es leichter, die persönliche Motivation aufrechtzuerhalten. Der Rückgriff ist zudem hilfreich, um deutlich zu machen, dass eine Zurückwendung zum »Alten«, Bisherigen entweder unmöglich ist oder wenig aussichtsreich erscheint.

Letztlich wird mit der Gestaltung des Lebensentwurfs die Hoffnung verbunden, nach einer Phase des Umbruchs, der Wandlung und persönlichen Weiterentwicklung ein erfüllendes, wieder ein erfüllendes oder zumindest ein erfüllenderes Leben als bisher führen zu können. Es wird davon ausgegangen, dass die (Neu-)Gestaltung des Lebensentwurfs zu einer höheren Zufriedenheit mit dem eigenen Leben führt, die Lebensfreude steigert und die persönlichen Lebensumstände und Lebensqualität verbessert.

DOCH WAS IST DAS: LEBENSZUFRIEDENHEIT? EIN ERFÜLLTES, GLÜCKLICHES LEBEN?

Nachdem die Begriffe selbst im wissenschaftlichen Sprachgebrauch über lange Zeit hinweg teils nur sehr undifferenziert reflektiert und verwendet wurden, so strebt man nun seit einigen Jahren zunehmend eine differenziertere Betrachtung mit entsprechenden Forschungsaktivitäten an. Die Auffassung, dass das persönliche Glück, die persönliche Lebenszufriedenheit und die subjektiv empfundene Erfülltheit des eigenen Lebens, unbestimmbar und demzufolge nicht messbar sei, hat sich gewandelt. In der Glücksforschung wird inzwischen auf verschiedene Messinstrumente zurückgegriffen, die gut erheben und untersuchen können, wie Menschen ihre Lebenszufriedenheit insgesamt und allgemein bewerten und wie sie diese im Speziellen (zum Beispiel auf Basis ihres Gefühlserlebens und ihrer Gefühlserfahrung oder im kognitiven Vergleich) einschätzen und beurteilen. Dazu gehören vor allem Fragebogen und qualitative Verfahren.

Der niederländische Soziologe Ruut Veenhoven, ein Pionier in der wissenschaftlichen Erforschung des Glücks, unterscheidet vier Lebensqualitäten in einer Matrix. Zum einen bringt er Lebensqualität mit den äußeren Lebensbedingungen in Verbindung. Im Extrem können sie entweder außerordentlich gut (»der Himmel«) oder wahnsinnig schlecht (»die Hölle«) sein. Die Lebensqualität hängt aber zum anderen auch von der Fähigkeit des Menschen ab, das eigene Leben zu bewältigen und mit den Lebensbedingungen zurechtzukommen. Zum dritten repräsentiert Lebensqualität auch den Wert und Nutzen des eigenen Lebens für die Umwelt und die Mitmenschen. Diese drei beschriebenen Arten der Lebensqualität sind objektiv erfass- und beschreibbar, wohingegen die vierte Form, die Lebenszufriedenheit, notwendigerweise auf einem subjektiven Fokus, also der individuellen Wahrnehmung und Beobachtung, beruht.

Im Coaching mit dem Erfinden und Gestalten eines Lebensentwurfs werden genau diese Qualitäten berührt:

- Die Fähigkeiten, das eigene Leben zu gestalten, sollen sich weiterentwickeln.
- Die persönlichen Lebensbedingungen sollen sich (partiell) verbessern oder auf ein neues Niveau gebracht werden.
- Persönliche Veränderungen in der Lebensgestaltung sollen sowohl persönlichen Wert und Nutzen bringen als auch positive Effekte für die Gemeinschaft oder Umwelt haben.
- Der Lebensentwurf soll Lebenszufriedenheit als emotionale Erfahrung, aber auch in der kognitiven Bewertung erzeugen beziehungsweise sicherstellen.

Die Matrix der »Qualitäten des Lebens« (»four qualities of life«) nach Veenhoven lässt sich folgendermaßen darstellen:

Qualitäten des Lebens (»four qualities of life«)	Äußere Qualitäten (»outer qualities«)	Innere Qualitäten (»inner qualities«)
Lebenschancen (»life chances«)	Qualität der Lebensumwelt (»livability of environment«)	Lebenskompetenz (»life-ability of the person«)
Lebensbilanz (»life results«)	Nutzen und Wert für andere (»usefulness of life«)	Zufriedenheit mit dem Leben (»satisfaction with life«)

TIPP

Sie können die Aspekte der Matrix heranziehen, um die Wünsche, Absichten und Bedürfnisse der Coachees genauer zu bestimmen. Welche Veränderungen beziehungsweise Entwicklungen sollen innerhalb dieser Felder mithilfe des Coachings erreicht werden?

Vier Arten der Lebenszufriedenheit »four kinds of satisfaction in life«	vorübergehend »passing«	anhaltend »enduring«
Lebensbereiche »life domains«	Freude / Genuss »pleasure«	partielle Lebenszufriedenheit »domain-satisfaction«
Lebensbilanz »life results«	Lebenshöhepunkte »peak experience«	Lebenszufriedenheit (Erfüllung / Glück) »satisfaction with life«

Lebenszufriedenheit lässt sich ebenfalls nochmals untergliedern. Sie kann sich in kurzzeitigen, vorübergehenden Augenblicken einstellen, zum Beispiel, wenn wir beherzt in einen See springen, ein Gemälde betrachten, ein paar Töne auf dem Klavier klimpern oder die morgendliche Tasse Tee oder Kaffee genießen. Hier sind es die »kleinen Dinge«, einzelne Handlungen und Erlebnisse, die uns temporär ein Gefühl von Glück und Erfüllung schenken. Mit »peak experiences« ist ebenfalls eine vorübergehende, aber besonders tiefgreifende, bedeutungsvolle Erfahrung von Lebenszufriedenheit gemeint. Sie geht mit intensiven Gefühlen einher und ist von Bedeutung für das gesamte Leben. Wir erfahren das Leben in seiner Gesamtheit, mit voller Wucht, und fühlen uns dem Leben stark verbunden.

Zufriedenheit kann trotz gewisser Schwankungen eine stabile Ausprägung besitzen und sich auf bestimmte Bereiche beziehen, wie zum Beispiel den Beruf oder das Familienleben. Obwohl die lebensbereichsbezogene Zufriedenheit auf eine Reihe einzelner freudiger Erfahrungen oder Ereignissen zurückgeht, so wird davon ausgegangen, dass diese Art der Zufriedenheit beständiger ist und eine gewisse Kontinuität aufweist. Wenn für kurze Zeit unangenehme Situationen oder Konstellationen auftreten, so wird die Grundzufriedenheit dadurch im Wesentlichen nicht beeinträchtigt. Wir können beispielsweise eine hohe Lebenszufriedenheit in Bezug auf die Partnerschaft besitzen, auch wenn zeitweise Spannungen und Konflikte auftreten.

Überdies gibt es eine andauernde Lebenszufriedenheit, die sich in Bezug auf das Leben als Ganzes einstellt oder einstellen kann. Gemäß dieser Einordnung werden die Begriffe Glück und Erfüllung vermehrt verwendet. Sie beschreiben eine spezielle Form des subjektiven Wohlseins, den Grad an Lebenszufriedenheit, mit der ein Mensch sein gegenwärtiges Leben in seiner Gesamtqualität positiv bewertet.

UMSETZUNG: »GLÜCKSMATRIX« ERMITTELN

Ermitteln Sie die persönliche »Glücksmatrix« der Coachees und fragen Sie:

- Was verstehen Sie unter Glück?
- Woraus schöpfen Sie Ihre Erfüllung?
- Welche Ideen oder Vorstellungen haben Sie von einem glücklichen, erfüllten Leben in Zukunft?
- Wann ist ein Tag erfüllt?
- An welche glücklichen Momente oder Situationen können Sie sich erinnern?
- Wo fehlt das Glück?
- Was »beglückt« nicht?
- Was ist anhaltendes Glück?
- Wann sind Sie richtig glücklich?
- Welche Glückszustände kennen Sie?
- Was ist kleines Glück?
- Wann stellen sich Glücksgefühle ein?
- Welche Formen von Glück kennen Sie?
- Wie können Sie Glück erfahren?

Anhand der Fragen lässt sich ein schöner Einstieg ins Coaching gestalten. Machen Sie zum Beispiel »Glückssprünge«. Dazu erhalten die Coachees ein paar Bogen Papier. Dann erklären Sie, dass Sie nun eine Reihe von Fragen vorlesen werden, zu denen die Coachees ihre spontanen Einfälle notieren können. Nach einer Minute springen Sie weiter zur nächsten Frage. Am Ende folgt eine kurze Auswertung. Wenn die Coachees möchten, können Sie sich Zuhause noch intensiver mit diesen Fragen beschäftigen.

Meine, ganz persönliche Definition lautet: »Glücklichsein heißt leben.« Doch was bedeutet »leben«? Was erfüllt und beglückt? Diese Antwort kann nicht pauschal ausfallen.

Obschon Menschen natürlich in vielerlei Hinsicht gleiche oder ähnliche Grundbedürfnisse haben und viele dieser Bedürfnisse zum Teil ähnlich und strukturell von außen befriedigt werden können (zum Beispiel durch eine Verbesserung der Lebensumstände oder der Lebensumgebung), so bleibt das persönliche Glück doch etwas Einzigartiges, das selbst geschaffen und geformt werden muss. Es ist so einzigartig wie der Mensch, wie sein Leben.

Genau hier setzt das 6E-Modell an. Mithilfe des Modells können die Coachees herausfinden, was sie persönlich als beglückend, lebenswert und erstrebenswert erachten und einen individuellen Lebensentwurf für sich gestalten. Dabei können sie wie in der Matrix auf unterschiedlichen Ebenen ansetzen. Es zielt nicht darauf ab, einen geschlossenen Plan zur Gestaltung des eigenen Lebens zu erarbeiten. Vielmehr soll das 6E-Modell Coachees dazu verhelfen, einen individuellen Mix aus Entwicklungen, Maßnahmen und Strategien zu erarbeiten, die eine persönliche Weiterentwicklung auslösen und die eigene Lebensqualität und -zufriedenheit in wesentlichen Punkten verbessern.

Teil 2

Das 6E-Modell

Das 6E-Modell mit den sechs Phasen

Gemäß meinem Coachingmodell erstreckt sich die Gestaltung des eigenen Lebensentwurfs auf einen Zyklus mit sechs Phasen:

- Entdecken
- Erkennen
- Erfinden
- Entscheiden
- Entwickeln
- Erleben

Diese Phasen laufen innerhalb des persönlichen Rahmens ab und unterliegen gleichzeitig Einflüssen von außen, der Umwelt.

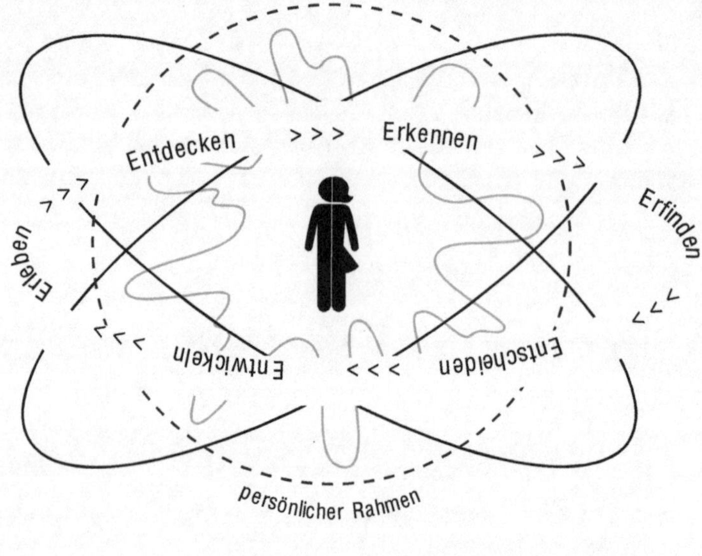

® Denise Ritter. Urbanes Coaching

Dieser Zyklus wird auf verschiedenen Ebenen und in mehreren Lebensbereichen immer wieder durchlaufen: Entdecken – Erkennen – Erfinden – Entscheiden – Entwickeln – Erleben. Zum einen findet die Beschäftigung mit dem persönlichen Lebensentwurf auf einer ganz grundlegenden, persönlichen Ebene und zum anderen aus einer übergeordneten – metakognitiven – Sicht heraus statt. Der Lebensentwurf wird als großes Ganzes verstanden, ausgerichtet und entwickelt. Es wird darauf achtgegeben, dass persönliche Entwicklung und Lebensweise möglichst ausgewogen und erfüllend verlaufen. Dazu wird ein ganzheitlicher Zugang gewählt. Das eigene Leben wird in seiner Gesamtbeschaffenheit im Hinblick auf Qualität und Struktur wahrgenommen, reflektiert und verändert.

BEISPIEL

Die Coachees fragen sich in der Phase »Entdecken« zum Beispiel, wie ihr Leben im Großen und Ganzen verläuft, und wie zufrieden sie mit dieser Entwicklung sind. Oder sie betrachten das Thema Selbstwert durch alle Lebensbereiche hindurch und beschließen in der Phase »Entwickeln«, sich selbst in zwischenmenschlichen Begegnungen und Gesprächen innerlich generell nicht mehr klein machen zu wollen.

Außerdem werden zusätzlich einzelne Lebensbereiche, spezielle Entwicklungen oder Aspekte herausgegriffen, näher erforscht und behandelt, um Veränderungen oder Verbesserungen in Teilen oder im Detail zu erreichen.

BEISPIEL

Die Coachees fragen sich in der Phase »Entdecken« zum Beispiel, wie zufrieden sie mit ihrer Partnerschaft und in diesem Bereich ganz konkret mit ihrem Sexualleben sind. Oder sie betrachten das Thema

Gesundheit und beschließen in der Phase »Entwickeln«, ein neues Morgenritual einzuführen, um ihr persönliches Stressempfinden zu senken.

Lebensgestaltung vollzieht sich also ganzheitlich, partiell und speziell. Die Zugänge werden individuell gewählt.

TIPP

Während des Coachings ist es wichtig, immer wieder auf die verschiedenen Ebenen einzugehen. Verbinden Sie Makro- und Mikroebene ganz praktisch, indem Sie beispielsweise aus einem anvisierten Lebensentwurf konkrete Vorhaben ableiten, die in den Alltag hineinwirken. Fragen Sie umgekehrt auch danach, auf welches große Ganze die Coachees zum Beispiel mit einzelnen Gedanken, Gewohnheiten oder Tätigkeiten zusteuern.

Darüber hinaus werden die beschriebenen Phasen im Laufe des Lebens nicht nur einmal erlebt und erfahren, sondern mehrfach durchlaufen. Die Gestaltung des Lebensentwurfs ist eine lebenslange Angelegenheit und Aufgabe, ein individueller, komplexer, fortlaufender Zyklus und Vorgang. Wir können uns dieser Aufgabe nicht entziehen. Wir werden durch unser gesamtes Leben hindurch in den verschiedenen Bereichen des Lebens – im Großen wie im Kleinen – auf mannigfache, immer wieder neue Art und Weise damit konfrontiert. Lebensgestaltung ist iterativer Prozess.

Eine besondere Komplexität entsteht dadurch, dass mehrere Gestaltungsprozesse synchron ablaufen. Dies ist leicht zu erkennen und zu verstehen, wenn wir uns verschiedenen Lebensbereichen zuwenden.

BEISPIELE

Eine Coachee kann sich nach einer erfolgreichen, beruflichen Neuorientierung beispielsweise gerade mit Stolz und Zufriedenheit in der Phase »Erleben« befinden und zeitgleich im Bereich »Familie« in der Phase »Erkennen«, weil sie bemerkt, dass sie ihren Aufgaben als Elternteil nicht mehr in gewohnter Form nachkommen kann und sich mit den übrigen Familienmitgliedern für die Zukunft neu abstimmen und organisieren muss beziehungsweise will.

Zweites Beispiel: Ein Coachee beginnt in seiner Freizeit regelmäßig zu joggen (Bereich Gesundheit, Phase »Entwickeln«). Bei einem Lauf verliebt er sich und verspürt zum ersten Mal seit Jahren wieder den Wunsch mit einem Menschen enger zusammen zu leben (»Bereich Beziehung«, Phase »Erfinden«).

Die Komplexität erhöht sich noch dadurch, dass diese Prozesse nicht losgelöst voneinander ablaufen, sondern in Beziehung stehen und eine Wechselwirkung besitzen oder entwickeln können. Im Coaching ist das Aufdecken und Verstehen dieser Bezüge von großer Bedeutung. Wird ein Lebensentwurf »aufgebrochen«, so entsteht eine beachtliche Dynamik. Veränderungen in einem Lebensbereich können eine Reihe weiterer Veränderungen in anderen Lebensbereichen nach sich ziehen, die bis dato gar nicht als notwendig erkannt oder in Betracht gezogen wurden.

Erfahrungsgemäß kommt es im Coaching zu einer regelrechten Aufeinanderfolge von Ereignissen und Geschehnissen, die vom Coachee in der Form nicht erwartet wurden, sich aber bedingen und zusammenhängen. Ich spreche in dem Zusammenhang gern von *Wirkungsketten*. Beginnt ein Coachee, seine Lebensgestaltung in einem Lebensbereich zu verändern, so wirkt sich dies unvermeidbar auch auf andere Lebensbereiche aus beziehungsweise in diese hinein. In der Folge erfahren diese ebenfalls eine Transformation und müssen neu ausgestaltet oder zumindest angepasst werden. Manchmal kommt es zu unerwarteten, nicht immer steuerbaren oder weitreichenderen Entwicklungen als ursprünglich angenommen – insbesondere dann, wenn aus der Umwelt bestimmte Ereignisse und Einflüsse dazustoßen. Ungeahnte Türen tun sich auf, neue Ideen entstehen, jemand kennt jemanden, der jemanden kennt, ein Zufall beschert, was bisher gefehlt hat … ein ganz neuer Weg entsteht. Ich habe das schon viele Male erlebt.

Im Coaching konzentrieren Sie sich darauf, positive Wirkungsketten entstehen zu lassen und negative nachhaltig zu unterbrechen und zu stoppen.

TIPP

Klären Sie die Coachees zu Beginn des Coachings über dieses Phänomen auf, damit diese sich innerlich schon darauf vorbereiten können und sich nicht überrollt fühlen, wenn sich die beschriebene Dynamik entfaltet. Zeigen Sie unbedingt den Vorteil dieser Entwicklung auf: Der eigene Lebensentwurf wird insgesamt auf ein neues Niveau gehoben. Das verursacht kurz- bis mittelfristig zwar etwas – vorübergehenden – Stress, ist aber langfristig sinnvoll und lebenswert.

Grundsätzlich ist festzuhalten, dass positive Erfahrungen und Erfolgserlebnisse in der Lebensgestaltung die Selbstwirksamkeitserwartung, das Selbstbewusstsein und das Vertrauen in die eigenen Möglichkeiten und Fähigkeiten stärken können. So kann eine positive Veränderung in einem Lebensbereich dazu führen, dass Coachees den Mut aufbringen, umgreifende Veränderungen ebenso in anderen Lebensbereichen einzuleiten und vorzunehmen. Selbst dann, wenn in der Vergangenheit Veränderung und Weiterentwicklung eher abgewehrt oder aufgeschoben wurden, können Coachees so plötzlich große Freude und Begeisterung entwickeln. Diese Dynamik ist sehr förderlich und kann im Coachingprozess bewusst eingebunden und genutzt werden.

Analog dazu können jedoch Unglücke, Misserfolge und Rückschläge in negativer Weise wirken und mächtig Einfluss nehmen. Beispielsweise kann ein gescheitertes Vorhaben den Selbstwert und die psychische Gesundheit so stark angreifen, dass sich dieses Erlebnis in der Gestaltung des Lebensentwurfs schlecht auf andere Lebensbereiche auswirkt. Berufliche Ziele werden auf Eis gelegt, Freizeitaktivitäten vernachlässigt, gute Gewohnheiten schleifen gelassen und anderes mehr. Es entwickelt sich ein Grundthema oder -problem.

Schmerzketten entstehen, wenn persönliche Schwierigkeiten, Probleme oder belastende Erfahrungen in einem Lebensbereich auftreten, nicht bearbeitet werden und infolgedessen negativ in andere Bereiche ausstrahlen und hineinwirken. Es kann zum Beispiel vermehrt zu Streitigkeiten und Spannungen in der Familie kommen, obwohl das Problem selbst im beruflichen Bereich liegt. Emotionen wie Frust, Ärger oder Wut werden verlagert oder auf ungünstige Weise kompensiert. Es gilt also, den Ursprung der Probleme zu ermitteln und den »wahren Schmerzpunkt« zu finden, damit sich die Situation verbessern kann.

WISSENSINSEL

Krisen zeigen an, dass sich etwas nicht in der Weise leben, verwirklichen oder gestalten lässt wie gewohnt oder gewünscht. Sie stellen die Sinnhaftigkeit des eigenen Lebens infrage, zerren an den eigenen Werten und Bedürfnissen und verweisen auf ein Grundproblem im gegenwärtigen Lebensentwurf, welches in der Regel nur durch persönliche Weiterentwicklung und veränderte Lebensgestaltung zu lösen ist. Die Coachees empfangen ein klares Stoppsignal oder kommen merklich mit einer Reihe von »No-Gos« in Kontakt. Sie erleben, dass etwas, das vor Kurzem noch wünschenswert erschien, intakt war, gepasst und in verschiedener Hinsicht gut funktioniert hat, unter Umständen nun eben nicht mehr passt oder gelingt. Irgendetwas ist anders oder hat sich unerwartet, aber ganz offensichtlich überholt. Das Gewohnte fortzusetzen ist unmöglich, erscheint zunehmend schwierig oder wirkt immer weniger attraktiv, insbesondere da eine unangemessene, schädliche, kontraproduktive oder zumindest fragwürdige Entwicklung droht oder sich bereits abzeichnet. Ein neuer Lebensentwurf – vollständig oder in Teilen – wird ins Auge gefasst. Dieser ermöglicht es, Herausforderungen durch Weiterentwicklung zu begegnen.

Ganz natürlich ist, dass es immer wieder Zeiträume und Zeitspannen gibt, in der die Gestaltung des Lebensentwurfs in manchen Bereichen ruht oder temporär außer Acht gelassen wird, zum Beispiel weil andere, persönliche Vorhaben und Aktivitäten sehr ausfüllen und temporär viel Energie und Aufmerksamkeit (er)fordern. Es ist nicht möglich, sämtliche Lebensbereiche durchgängig mit gleichbleibender Motivation, Achtsamkeit und Kraft zu gestalten und kontinuierlich in Balance zu halten. Die Herausforderung besteht darin, einzelne Bereiche nicht so weit zurückzustellen, dass sie die Lebenszufriedenheit anhaltend gefährden und das eigene Wohlbefinden in eine kritische Schieflage bringen.

Zur Veranschaulichung ist das Bild des Lebensmobiles sehr hilfreich (s. die beiden Abbildungen auf der nächsten Seite). Es müssen nicht alle Lebensbereiche gleich »groß« und beschaffen sein und sich auf derselben »Höhe« – Entwicklungsstufe – befinden. Auch die Bezüge zu- und untereinander können unterschiedlicher Art und Natur sein. Es ist möglich, Elemente und Verbindungen auszutauschen, umzugestalten oder zu erneuern. Hierbei gilt ein Grundprinzip: Veränderungen und ihre Auswirkungen müssen in sich und für das Gesamtsystem »tragbar« sein. Kein Element sollte so übermächtig werden oder an Wert und Gewicht verlieren, dass das Gesamtgebilde an Ausgewogenheit und Stabilität verliert. Gleichzeitig können Schieflagen bis zu einem gewissen Grad ausgeglichen oder temporär ausgehalten werden.

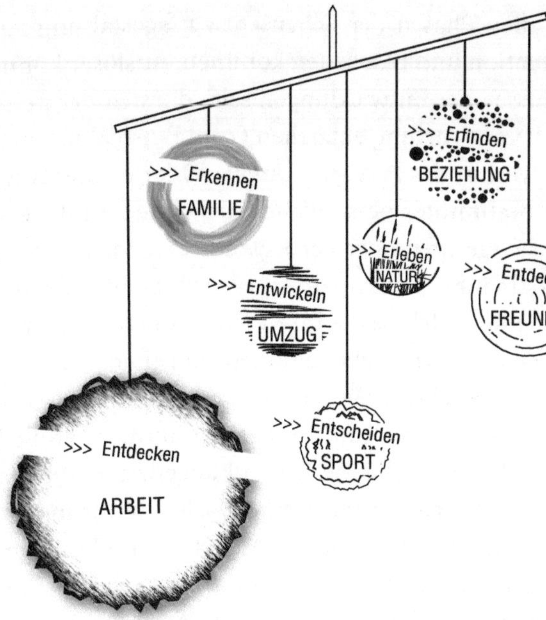
>>> Erkennen
FAMILIE
>>> Erfinden
BEZIEHUNG
>>> Erleben
NATUR
>>> Entdecken
FREUNDE
>>> Entwickeln
UMZUG
>>> Entdecken
ARBEIT
>>> Entscheiden
SPORT

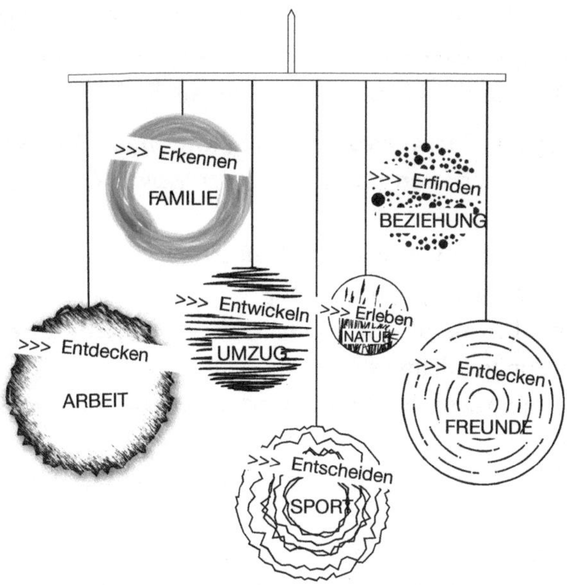
>>> Erkennen
FAMILIE
>>> Erfinden
BEZIEHUNG
>>> Entwickeln
UMZUG
>>> Erleben
NATUR
>>> Entdecken
ARBEIT
>>> Entdecken
FREUNDE
>>> Entscheiden
SPORT

Es kann in allen Phasen der Lebensentwurfsgestaltung zu Störungen, zu Stagnation und Blockaden kommen. Auslöser können äußere Geschehnisse oder Entwicklungen sein, die sich der persönlichen Macht und Verantwortung entziehen (zum Beispiel überraschendes Jobangebot, Verlust des Partners, Unfall). Oder es sind Auslöser, die durch eine bestimmte, persönliche Einstellung und Lebensweise selbst hervorvorgerufen oder herbeigeführt worden sein (zum Beispiel Prokrastination, Substanzmissbrauch). Häufig spielt Abwehrverhalten eine Rolle. Ich werde im Kapitel »Schwierige und komplexe Situationen meistern« näher auf diese eingehen.

Wenn die (pro)aktive Gestaltung des eigenen Lebensentwurfs vollkommen versagt oder zum Erliegen kommt, ist große Vorsicht geboten. Ernsthafte psychische Erkrankungen, einschneidende Ereignisse oder schwerwiegende traumatische Erfahrungen können die Ursache sein. Zu den wichtigen Aufgaben als Coach gehört daher, zutreffend einzuschätzen, inwieweit die Coachees zur Gestaltung ihres Lebensentwurfs fähig sind und was sie benötigen, um diese Fähigkeit zu stärken beziehungsweise weiterzuentwickeln.

UMSETZUNG: FRAGENKATALOG ZUM EINSTIEG

Der folgende Fragenkatalog ermöglicht Ihnen, die Situation der Coachees zu erfassen und einen zuverlässigen Gesamteindruck zu gewinnen:

- Welcher Lebensentwurf wird angestrebt?
- Existiert dazu ein inneres Bild?
- Ist der Lebensentwurf angemessen (realistisch), ausreichend klar und konkret definiert?
- Wie kongruent sind Vision, Werte, Ziele, Ressourcen und Bedürfnisse?
- Welche Zyklen der Lebensentwurfsgestaltung durchlaufen die Coachees?
- In welchen Phasen befinden sie sich?

- Welche wichtigen Übergänge stehen bevor?
- Wo zeigen sich Widerstände, Blockaden, Mechanismen von Selbstsabotage?
- Welche Herausforderungen, Gefahren, Chancen zeichnen sich ab oder sind zu erwarten?
- In welchen Bereichen mangelt es möglicherweise noch an Wissen oder Fähigkeiten?
- Welche Ressourcen fehlen, um den eigenen Lebensentwurf (pro-) aktiv gestalten zu können?
- Gibt es ein Grundthema oder -problem?
- In welchen Bereichen oder an welchen Punkten stagniert die Lebensgestaltung?
- Wie ausgeprägt ist dieser Zustand?
- Mit welchen Gefahren oder Auswirkungen ist zu rechnen, wenn die Gestaltung weiterhin stagniert? Sind die Coachees coachingfähig? Oder ist eine Therapie sinnvoller?
- Welche Unterstützung benötigen die Coachees?
- Wo muss konkret angesetzt werden: Leben als Ganzes, einzelne Lebensbereiche, im Innen, im Außen …?
- Wo liegen die größten Potenziale?
- Wie schätzen die Coachees ihre persönliche Situation und Entwicklung ein?
- Wie ist die allgemeine Lebenszufriedenheit?
- Wie ist die aktuelle Lebenssituation?
- Wie ist der persönliche Rahmen? Wie ist die psychische Verfassung?
- Wo gibt es Wirkungsketten? Und wo sind Schmerzketten?
- Inwieweit trauen sich die Coachees selbst zu, einen positiven Lebenswandel herbeizuführen zu können?
- Wo sehen Sie Herausforderungen? Und inwieweit sind sie gewillt, sich ihnen zu stellen?
- Worauf ist besonders zu achten?

Ganz generell bedeutet die Neu- oder Umgestaltung des eigenen Lebensentwurfs, dass in vielerlei Hinsicht vertrautes Terrain verlassen wird. Die Coachees kommen mit neuen Denk-, Sicht- und Verhaltensweisen in Kontakt und begeben sich in Herausforderungen, zu denen sie noch keine oder nur wenig Erfahrung besitzen. Geläufiges wird aufgehoben und mutig durchbrochen in der Annahme, dass sich passende Lösungen ergeben werden und gestalten lassen. Die Coachees verändern ihren Lebensentwurf in der Absicht und in der Hoffnung auf persönliche Weiterentwicklung, persönliches Wachstum und eine gesteigerte Lebensqualität. Neues wird angegangen, erkundet, geübt im Vertrauen darauf, dass das eigene Leben sich schon in förderlicher Weise entwickelt wird. Es ist eine außerordentliche Leistung.

Die Gefühle, die die Coachees währenddessen zeigen und entwickeln, sind im Coaching von großer Aussagekraft und Bedeutung. Sie sind eine unmittelbare, natürliche Antwort auf das, was geschieht und vollzogen wird. Sie zeigen an, wie die Coachees mit der Herausforderung umgehen. Ein wenig »Veränderungsstress« ist also absolut in Ordnung.

Die Neugestaltung eines Lebensentwurfs beinhaltet weitreichende Veränderungen und Umbrüche, daher können Sie sich darauf einstellen, dass die Coachees (zumindest zeitweise) einen regelrechten Mix aus Gefühlen erleben. Es ist natürlich und menschlich, also wichtig und richtig, dass nicht nur Gefühle wie Vorfreude und Begeisterung aufkommen, sondern ebenso Gefühle von Angst, Unsicherheit und Zweifel, aber auch Trauer, Unlust oder Wut. Vor allem bei Übergängen von einer Phase in die nächste regen sich meist starke Gefühle. Sie sind Marker der Veränderung.

TIPP

Ermutigen Sie Ihre Coachees, ihre Gefühle und Emotionen in der Zusammenarbeit authentisch zum Ausdruck zu bringen. Sie können jederzeit Beachtung finden. Unterstützen Sie die Coachees, verständig mit diesen umzugehen. Machen Sie bewusst, dass weitreichende Veränderungen zeitweise mit intensiven Gefühlsregungen und -empfindungen einhergehen können. Wenn Sie möchten, können Sie gemeinsam entdecken, worin ihr Wert besteht.

Achten Sie stets auf die Qualität, die Intensität und den Ausdruck der gezeigten Gefühle. Die Bewusstheit darüber, in welchen Phasen und Prozessen der Lebensgestaltung sich die Coachees gerade befinden und wie diese den Prozess der Gestaltung ausführen und erleben, ist extrem wichtig und bedingt auch die erfolgreiche Ausrichtung und Wirkung des Coachings.

Wenn sich über einen längeren Zeitraum hinweg extreme Gefühle von Angst und Bedrückung zeigen und ausweiten, kann dies darauf hindeuten, dass die Coachees

- sich mit der Gestaltung des eigenen Lebensentwurfs über- oder unterfordern,
- zu hohe Erwartungen an sich und den Lebensentwurf stellen,
- unrealistische Vorstellungen, Maßstäbe oder Ansprüche hinsichtlich der eigenen Lebensweise entwickelt haben,
- sich und den Sinn ihres Lebens aufgrund ausbleibender, fruchtbarer Entwicklungen zu sehr infrage stellen,
- über ein unzureichendes Selbstbewusstsein und sehr wenig Selbstwertgefühl verfügen und sich bestimmte Entwicklungen nicht zutrauen,
- an persönlichen Überzeugungen festhalten, die Ihre positive Entwicklung behindern,
- sich innerlich auf Negativszenarien fixiert haben,
- erschöpft sind und zu wenig Selbstfürsorge betreiben,

- traumatische Erlebnisse getriggert und reaktualisiert wurden,
- ihr gegenwärtiges Potenzial nicht wahrnehmen und zu viele Gedanken auf die Vergangenheit oder die Zukunft richten,
- sich sorgen und grübeln, anstatt zu handeln,
- sich selbst unter zu hohen Erfolgsdruck stellen,
- sich für bestimmte Entwicklungen zu wenig Zeit geben,
- sich bestimmte, persönliche Schwierigkeiten oder Probleme nicht offen eingestehen und kommunizieren,
- »größere Baustellen« verheimlichen oder verschweigen.
- Und es kann sein, dass diese mit Ihrer Arbeitsweise als Coach unzufrieden sind.

Erweitern Sie die Liste gern, indem Sie sich weitere, mögliche Gründe überlegen. Überlegen Sie auch, wie Sie als Coach in der Praxis mit solchen Situationen umgehen würden.

Grundsätzlich ist jede Phase mit speziellen Fragen, Herausforderungen und Gefühlen verbunden. Manchmal zeigt sich ein Grundthema, das sich durch alle Bereiche des Lebens zieht, die persönliche Weiterentwicklung hemmt und das allgemeine Lebensgefühl beeinträchtigt.

BEISPIELE

- Anna und Peter haben eine beeindruckende Karriere hingelegt, beide können auf große Erfolge zurückblicken. Seit sie im Ruhestand sind, gibt es ständig Streit. Keiner genügt den Ansprüchen des anderen, bei der gemeinsamen Arbeit im Garten, dem Kochen, der Versorgung der Enkelinnen und Enkel und sogar bei der Urlaubsplanung. Jeder meint, es besser zu können und zu wissen. Anna fühlt sich körperlich extrem unwohl, obwohl sie ungeachtet ihres Alters eine wunderschöne Frau ist. Peter nörgelt ständig an seinen Altersgenossen herum, weil sie sich in seinen Augen geistig viel zu sehr gehen lassen. Dass sie mit ihm im nächsten Jahr keine Tour zu Frankreichs Museen machen wollen, hat ihn getroffen. Beide sind ratlos angesichts der Lebensjahre, die noch vor ihnen liegen.

- Eva hat den Eindruck, es immer allen recht machen zu müssen. Im Job hat sie große Schwierigkeiten, »Nein« zu sagen. Demzufolge produziert sie ständig Überstunden, weil Kolleginnen und Kollegen ihr gern kurz vor Feierabend noch Arbeit aufdrücken. Privat fällt es ihr alles andere als leicht, eigene Wünsche und Bedürfnisse zu äußern, insbesondere dann, wenn sie damit ihrer Familie etwas abverlangt. Seit Jahren hegt sie den Wunsch, mit ihrer Mutter allein durch Italien zu reisen. Doch das kostet eine Stange Geld. Und es stellt sich die Frage, wer sich dann um die Kinder kümmern wird. Ihre Freundinnen nerven sie außerdem schon seit Wochen mit ihrem Gejammer übers Älterwerden. Trotzdem schafft sie es nicht, ihnen dies gegenüber offen anzusprechen.

TIPP

Stellen Sie hierzu einmal folgende Überlegungen an: Welche Grundthemen entfalten hier möglicherweise eine starke Wirkung? Welche Gedanken und Gefühle klingen an? Welche »eine« persönliche Veränderung oder Entwicklung hätte das größte Potenzial viele der beschriebenen Schwierigkeiten oder Probleme lösen? Was gilt es vielleicht prinzipiell zu lernen oder auszubilden? Wie würde dementsprechend ein neuer Lebensentwurf aussehen?

Menschen, die negative Prägungen erfahren haben und deren Selbstliebe und Selbstwert darunter leiden, fällt es generell um einiges schwerer, Veränderungen selbstbewusst einzuleiten und umzusetzen. Es besteht zwar meist ein genaues Wissen darüber, was dringend ansteht oder zu tun wäre, aber der persönliche Transfer, ein Umdenken und die konsequente Übersetzung ins Handeln finden nicht, nur unzureichend oder sehr unbeständig statt. Hier müssen oft erst die innere Bereitschaft und Fähigkeit geschaffen werden, das eigene Leben in aller Konsequenz selbst in die Hand zu nehmen. Denn: Menschen, die sich selbst und ihre persönlichen Träume, Wünsche, Bedürfnisse und Werte annehmen, fällt es leichter, den eigenen Lebensentwurf selbstbestimmt zu gestalten. Sie sind mutiger, aufgeschlossener, neugieriger und lernwilliger, lebensbejahender. Es bereitet ihnen weniger Schwierigkeiten, eigenverantwortlich zu agieren.

WISSENSINSEL

Die Psychologin Carol S. Dweck, die an der Stanford University im Bereich Persönlichkeitsentwicklung, Sozialpsychologie und Entwicklungspsychologie forscht und lehrt, unterscheidet in diesem Kontext zwischen einem Growth Mindset und einem Fixed Mindset. Sie ist davon überzeugt, dass die Art und Weise, wie Menschen denken und Herausforderungen gegenüber eingestellt sind, die persönliche Entwicklung und Lebensgestaltung erheblich beeinflusst.

Als *Growth Mindset* wird eine bewegliche Denkweise und Sicht bezeichnet. Dieses Mindset basiert auf der persönlichen Überzeugung, dass es prinzipiell möglich ist, durch Übung alles zu lernen. Herausforderungen, Probleme und Konflikte werden demzufolge als Chancen und Lernfelder begriffen, um persönlich wachsen zu können. Menschen mit einem Growth Mindset sind grundsätzlich motiviert und gewillt, mehr aus sich und ihrem Leben zu machen. Sie sind bereit, größere Anstrengungen auf sich zu nehmen, wenn sie mit Herausforderungen konfrontiert sind und etwas Bestimmtes erfahren oder erwirken möchten. Umwege, Fehler und Misslingendes gehören in ihren Augen ganz selbstverständlich zum Prozess. Scheitern wird also nicht als persönliches Unvermögen aufgefasst, das eigene Leben zu gestalten. Vielmehr wird jede Anstrengung und alles gewürdigt, was unternommen wird, um sich weiterzuentwickeln.

Ein *Fixed Mindset* steht dagegen für eine starre Denkweise. Die Fähigkeiten, Talente und Potenziale eines Menschen werden als feststehend und limitiert gesehen. Persönliche Abenteuer, weitreichende Veränderungen und neue Herausforderungen werden daher nach Möglichkeit vermieden. Es wird nach überschaubaren, sicheren und bequemen Wegen gesucht. Lernen bereitet wenig Freude. Sich und das eigene Leben selbstwirksam verändern oder weiterentwickeln zu können, erscheint unsicher und schwierig. Misserfolge und Rückschritte werden als persönliche Schwäche und Unfähigkeit gewertet, weswegen die Angst, sich persönlich zu blamieren oder zu versagen, auch recht ausgeprägt ist. Ein Fixed Mindset steht proaktiven Veränderungen und persönlicher Weiterentwicklung also eher im Weg. Menschen mit dieser Denkweise verlieren angesichts von Herausforderungen schneller den Mut, und sie haben größere Schwierigkeiten an bestimmten Entwicklungen festzuhalten und besitzen ein geringeres Vertrauen in ihre Fähigkeiten.

Das Mindset ist jedoch nichts vollkommen Feststehendes. Menschen können zwischen Growth und Fixed Mindset hin und her wechseln, und abhängig vom Kontext mal stärker der einen und mal der anderen Denkweise verhaftet sein. Im Coaching können die Coachees üben, Herausforderungen mehr und mehr mit einer positiven Einstellung zu begegnen. Sie können lernen, innerlich ein Growth Mindset aufzubauen und zu festigen.

Themen wie Selbstliebe, Selbstvertrauen, Selbstfürsorge und Selbstwert sind somit von zentraler Bedeutung, wenn Coachees ihren Lebensentwurf positiv und erfüllend gestalten wollen. Etwas provokativ formuliert gestalten Menschen ihren Lebensentwurf in dem Maße selbst, wie sie es sich persönlich zutrauen und wert sind. Diese Fähigkeit lässt sich mithilfe von Coaching ausbilden und stärken.

UMSETZUNG: GROWTH MINDSET ENTWICKELN

Fragen Sie Ihre Coachees:

- Was würde der mutige Teil von Ihnen nun machen?
- Was würde der selbstunsichere, ängstliche Teil tun?
- Was würde der Optimist in Ihnen wollen oder tun?
- Wie würden Sie Ihr Leben gestalten, wenn Sie vollstes Vertrauen in sich und Ihre Fähigkeiten hätten?
- Wie würden Sie leben, wenn Sie wüssten, dass Sie nicht scheitern können?
- Welchen Lebensentwurf würden Sie wählen, wenn Sie innerlich und äußerlich vollkommen frei wären?

Es gibt eine Reihe von Techniken, um im Coaching mit Persönlichkeitsanteilen zu arbeiten. Sie basieren auf der Annahme, dass die Persönlichkeit eines Menschen vergleichbar ist mit einem inneren System, in dem verschiedene Anteile wirken und in lebendiger Beziehung zueinander stehen (s. Abbildung auf der nächsten Seite). Je nach Kontext und Situation verändert sich die innere Dynamik, die Anteile können verschiedene Rollen und Funktionen übernehmen (stützend, fördernd, entmutigend, zweifelnd …). In Krisen und Stresssituationen kann es passieren, dass das innere System und/oder einzelne Anteile an Ausgewogenheit verlieren und eine selbstbewusste Lebensgestaltung verhindern. In dem Fall kann durch Anteilsarbeit eine neue innere Ordnung hergestellt werden. Dabei werden die inneren Anteile neu ausgerichtet und in Beziehung gebracht, sodass die Coachees wieder in der Lage sind, eigene Handlungsspielraume zu erkennen und selbstbewusst wahrzunehmen. Bewährte Techniken sind das »Innere Team« (Schulz von Thun 2004), die Pats Party (Satir 2020) oder die »innere Konferenz und die innere Familie« (Schmidt 2004; Schwartz 2011; Kumbier 2019).

Proaktive Lebensentwurfsgestaltung erfordert ein gewisses Grundvertrauen in die eigenen Fähigkeiten und das Leben selbst. Die Coa-

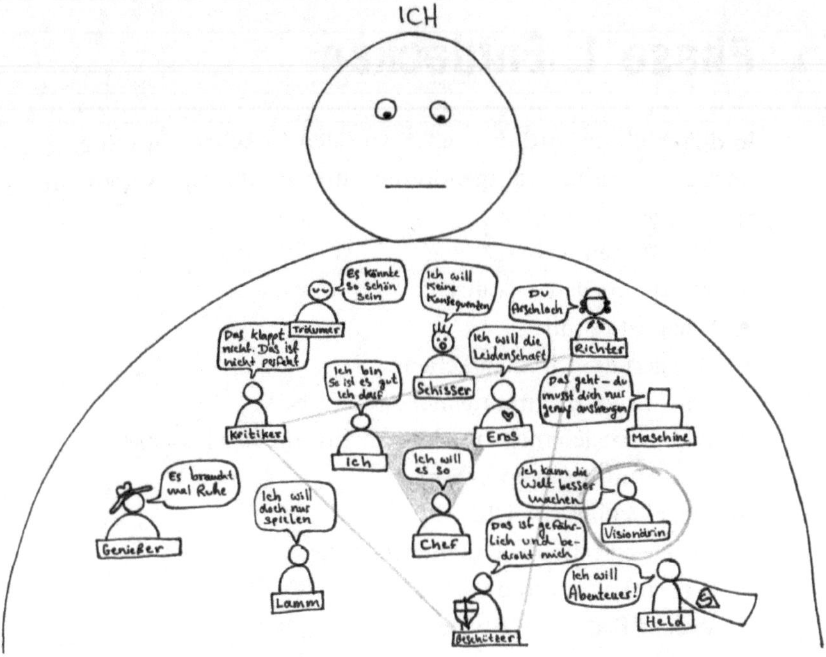

chees sollten zumindest zu einem gewissen Grad davon überzeugt sein, dass sie sich mit ihrem Leben in dieser Welt entfalten können und dürfen und dass sie dadurch überaus bereichernd, wichtig und wertvoll sind für diese Welt und auf diesem Weg auch Unterstützung durch ihr Umfeld erhalten. Das Urvertrauen ins Leben ist wichtig, das den Coachees vermittelt: »Ich kann nicht wirklich hinausfallen, mich nur annähern oder entfernen von mir und dem Leben selbst.«

Die Coachees können sich nur so weit in ein gewünschtes Leben hineinbewegen und es realisieren, wie sie es sich selbst zutrauen und erlauben. So gesehen bedeutet Lebensentwurfsgestaltung eine tiefere Beziehung und Nähe zu sich und dem Leben selbst (wieder) herzustellen. Sie steht für selbstbestimmte Lebensausrichtung und -entwicklung. Dazu können Sie als Coach das 6E-Modell heranziehen. Es leitet sie durch alle wichtigen Phasen der Veränderung und ermöglicht den Coachees die Transformation einzuleiten.

Phase 1: Entdecken

In dieser Phase wird das Leben von den Coachees in seiner gegenwärtigen Qualität wahrgenommen und erforscht. Es geht um den Status quo:

- Wie ist mein Leben?
- Wie nehme ich es wahr?
- Wie geht es mir?
- Wie gestalte ich mein Leben?
- Wie geht es mir mit meiner Art zu leben?
- Wie erlebe ich mich als Gestalter(in) meines Lebens?
- Wie erfüllt ist mein Leben?
- Wie glücklich bin ich?
- Inwieweit schöpfe ich Potenziale aus?
- Wie entwickle ich mich?
- Welche Bedürfnisse habe ich?
- Was ist neu, anders, angenehm, unstimmig, anregend, störend, anziehend, lästig …?
- Mit welchen Herausforderungen habe ich zu tun?
- Inwieweit nutze ich sie für persönliches Wachstum und Weiterentwicklung?
- Was sind denkbare Perspektiven?
- Was wären – möglicherweise – interessante, lebenswerte Alternativen?

Die Coachees reflektieren ihre Lebenswirklichkeit und ihre Lebenszufriedenheit. Sie werden sich ihrer Lebenssituation umfänglich bewusst. Dazu betrachten sie ihr Leben als Ganzes, in seiner Gesamtheit, aber auch im Speziellen, indem sie einzelne Lebensbereiche herausgreifen und näher betrachten oder Einschätzungen zu ausgesuchten Fragen und Themen vornehmen. Je nachdem, wie selbstreflektiert und bewusst sich der Coachee über diese Fragen ist, benötigt er in dieser Phase mehr oder weniger Unterstützung beziehungsweise Klärung.

Manche Coachees wissen sehr klar, wo persönliche Potenziale und Wachstumsmöglichkeiten liegen, was Lernfelder und Baustellen sind und welche Veränderungen und Entwicklungen sie in ihrem Leben anstreben. Sie haben keine großen Ängste oder Vorbehalte, über heikle Fragen und Themen zu sprechen. Sie haben einen hohen Grad an Bewusstheit über sich und ihre Lebensweise. Dann gibt es andere, die Schwierigkeiten haben, ihre Ist-Situation realistisch und treffend einzuschätzen. Mitunter haben sie Hemmungen, persönliche Schwierigkeiten und Nöte oder Bedürfnisse und Sehnsüchte frei in Worte zu fassen.

Es bereitet den Coachees nicht zwangsläufig Freude, ihr gegenwärtiges Leben »aufzublättern« und den Ist-Zustand in seinen unterschiedlichen Qualitäten wahrzunehmen und zu beschreiben. Auch dann, wenn die Coachees sich selbst aus freien Stücken zu einem Lebensentwürfe-Coaching entschieden haben, kann es ihnen in mancher Hinsicht schwerfallen. Menschen, die noch wenig Coachingerfahrung besitzen, fragen sich zum Beispiel, wie weit sie sich Ihnen gegenüber öffnen dürfen. Sie empfinden vielleicht Schamgefühle, wenn sie Ihnen und sich selbst gegenüber ehrlich aussprechen sollen, was in ihrem Leben nicht rund läuft oder fehlt.

Andere sind noch unentschlossen, inwieweit sie bestimmten Tatsachen ins Auge sehen wollen und diese im Gespräch aufwerfen wollen. Sie hadern innerlich, wie weit sie im Coaching gehen wollen. Wollen sie ihr Leben wirklich »wahrnehmen«? Wollen sie sich ihrer Lebenswirklichkeit stellen und Probleme in ihrem Ausmaß anerkennen? Vielleicht scheuen sie sich grundsätzlich davor, umfangreiche Veränderungen anzusteuern. Oder sie haben Angst vor den nächsten Schritten, die persönlichen Eingeständnissen möglicherweise folgen könnten. Möglicherweise trauen sie sich nicht, ehrlich über augenscheinliche Schwierigkeiten und Schieflagen zu sprechen, weil sie sich augenblicklich noch überhaupt nicht vorstellen können, wie sie dort jemals wieder aus eigener Kraft »herauskommen« können. Nicht wenige fragen sich zudem, ob sie wirklich in der Lage sind, durch Umdenken und neue Verhaltensweisen einen positiven Lebenswandel für sich gestalten und herbeiführen zu können. Sie fragen sich, ob sie stark genug sind, die eigenen Ressourcen freizulegen und für das einzutreten, was sie (er)leben wollen? Und sie sind unsicher, ob sie sich trauen, in neue Richtungen vorzustoßen? Infolgedessen kann es passieren, dass sie kritischen Punkten und Fragwürdigem ausweichen und den unangenehmen Blick auf das umgehen, was Tatsache ist.

Etwas wahrzunehmen bedeutet letztlich, es in seiner Existenz anzuerkennen. Gerade dies ist, selbst wenn es möglicherweise schwerfällt, gerade zu Beginn des Coachings extrem wichtig. Denn nur dann, wenn sich Ihre Coachees wirklich aufdecken und verstehen, wie sie leben und welches Leben sie tagtäglich gestalten, können diese zusammen mit Ihnen neue Ansätze finden und entwickeln.

Genau hinzusehen und festzustellen was ist und im Leben »wirklich läuft«, darin liegt eine großartige Chance. Ich sage in dem Zusammenhang gern: Wer sich und sein Leben anschaut, erkennt sich und sein Leben zum ersten Mal wirklich, der wacht auf und sieht und bemerkt plötzlich, was wirklich ansteht und Not tut. Er akzeptiert die Lebenswirklichkeit, in der er sich befindet, und entdeckt die Sehnsüchte und die Bedürfnisse dahinter. Dieser Mensch spürt, was in seinem Leben gut und sinnhaft ist und was nicht. Er bemerkt, wo er wirklich lebt und wo das Leben an ihm vorbeizieht. Gleichzeitig hat er exakt in diesem Moment die Möglichkeit, ein neues Bild von sich und seinem Leben in Zukunft zu entwerfen. Die Einsicht ermöglicht, den eigenen Lebensentwurf neu zu gestalten. Je klarer die Coachees sich also über ihre Lebensweise bewusst sind, umso begreiflicher wird ihnen sein, an welchen Stellen sie neu ansetzen und sich weiterentwickeln können, vielleicht sogar müssen. Nur das, was sie wirklich sehen – »wahrnehmen« – können, das können sie verändern.

Wenn die Coachees sich die Zeit nehmen, wenigstens für ein paar Tage ganz genau hinzuschauen und sich selbst zu beobachten: zum Beispiel in ihrer Kommunikation, in ihrem Führungsstil, in ihrem Älterwerden, bei ihrer Ernährung oder anderen ausgewählten Themen, dann wird ihnen mit großer Wahrscheinlichkeit vieles bewusst werden. Sie werden bemerken, wie es ihnen tatsächlich geht, wie sie wirklich leben und wo es ein Bedürfnis oder eine Notwendigkeit zur Veränderung gibt. Ihnen wird vielleicht klar, welchen Themen sie sich im Lauf ihres Lebens bisher nicht gestellt haben, vielleicht sogar wahrnehmen, wo sie sich selbst womöglich schon eine ganze Weile übers Ohr gehauen haben.

Sich in bestimmten Lebensbereichen eigenes Unvermögen, eigene Unfähigkeiten, Ungereimtheiten oder Unsicherheiten zu attestieren ist wahrlich schwierig, unter Umständen sogar brutal hart. Und dennoch lohnt sich der Blick! Das Bewusstwerden über das, was durch sie und eine bestimmte Art und Weise zu leben entstanden ist, bietet den Coachees überhaupt erst die Möglichkeit, eine neue Wahl zu treffen und zu entscheiden: Wie will ich eigentlich leben, wer will ich eigentlich sein oder werden?

Wenn Veränderungen wirklich Not tun, lassen sie sich ohnehin nicht umgehen. Die Coachees können sich ihrer Lebenssituation also entweder freiwillig, bereitwillig und aus eigenem Antrieb stellen oder das Leben wird – unter Umständen knallhart – irgendwann dafür sorgen, dass sie hinschauen.

Ermutigen Sie die Coachees daher, in aller Offenheit über ihre gegenwärtige Lebenssituation zu sprechen. Weisen Sie darauf hin, dass die Coachees sich selbst damit unnötige Umwege – im Coaching, aber vor allem im Leben – ersparen können. Sie haben jetzt die Chance, Irrwege zu beenden oder konsequent zu verlassen. Fragen Sie gezielt nach:

- Welche Realität darf oder durften Sie bisher nicht treffen? Gibt es in Ihrem Leben etwas, wo es sich lohnen würde, einmal unverblümt und radikal ehrlich hinzuschauen?

- Inwieweit ist Ihnen wirklich bewusst, wie Sie leben?
- Wie bewusst sind Sie sich über Ihre persönliche Entwicklung in den verschiedenen Bereichen Ihres Lebens?
- Wann haben Sie sich zuletzt angesehen, wie Sie leben?
- Mit welchen unangenehmen Wahrheiten oder kritischen Entwicklungen haben Sie sich möglicherweise bisher nicht ausreichend konfrontiert und auseinandergesetzt?
- Gibt es etwas, dem Sie sich nun ehrlich und entschiedenen zuwenden wollen?
- Wie bewusst sind sie sich darüber, *wie* Sie Leben?

Machen Sie deutlich, wie essenziell wichtig eine realistische Einschätzung der persönlichen Lebenssituation ist. Das gilt vor allem dann, wenn es im weiteren Verlauf des Coachings darum gehen soll, einen stabilen, tragfähigen Lebensentwurf zu entwickeln und persönliche Vorhaben und Projekte stabil auf den Weg zu bringen.

Wenn Coachees ihre persönliche Lebenssituation schönfärben, zum Beispiel indem Sie wichtige Informationen zurückhalten oder ihre persönliche Verfassung und Lebensweise in Teilen herunterspielen oder verfälscht darstellen, so werden sie diese Unwahrheiten oder Ungereimtheiten später mit großer Wahrscheinlichkeit umso heftiger zu spüren bekommen und eine bittere Enttäuschung erleben, zum Beispiel weil gewisse Maßnahmen im Coaching nicht greifen oder umgesetzt werden können.

Was nicht klar ist, ist nicht wahr … Beschönigung oder Schwarzmalerei sind an dieser Stelle wirklich äußerst kontraproduktiv. Nur wenn Sie und die Coachees einen »glaubwürdig-soliden« Überblick über die derzeitige, persönliche Lebenssituation haben, wird es ihnen im Laufe der Zusammenarbeit gelingen, eine neue Wirklichkeit zu gestalten. Ermutigen Sie die Coachees daher in ihrem eigenen Interesse so ehrlich und direkt wie möglich zu sein und nichts zurückzuhalten. Sonst besteht die Gefahr, dass sie später schutzlos darüber stolpern werden.

Diese radikale Ehrlichkeit sich selbst gegenüber ist auch in anderer Hinsicht extrem wichtig und wertvoll. Wenn die Coachees selbstbestimmt und erfüllt leben wollen, werden sie nicht umhinkommen, sich frei, offen und klar zur Frage zu äußern, wie sie in Zukunft leben wollen. Je überzeugter sie vor sich und anderen darlegen können, wie sie leben wollen, desto leichter wird es sein, eine entsprechende Lebensweise zu manifestieren. Es geht in dieser Phase also darum, eigene Wünsche und Bedürfnisse aufzudecken und klar zum Ausdruck zu bringen.

- Was wollen die Coachees vom Leben?
- Wie wollen sie leben?
- Was möchten sie erfahren?
- Welche Veränderung/Entwicklung wünschen sie sich zutiefst?

Dies selbstbewusst zu formulieren kann für viele Coachees eine große Herausforderung darstellen. Sie können es im Coaching üben. Bestärken Sie sie, ihre eigenen Wünsche, Träume und Lebensabsichten so unverschleiert und unmissverständlich darzulegen und zum Ausdruck zu bringen, wie nur möglich. Je klarer das Bild ist, das sie zeichnen, desto leichter können sie von außen tatkräftige Unterstützung in genau diese Richtung erhalten. Sie werden feststellen, dass sich hierdurch eine erstaunliche Macht und Wirkkraft entfaltet. Ideen entwickeln plötzlich starke Anziehung. Erwägungen wandeln sich zu verbindlichen Absichten, Vorsätze werden zu Vorhaben.

Hier ein paar Beispiele aus der Praxis:

- »Ich möchte meine Expertise konsequent weiter ausbauen, mich mit namhaften Akteuren zusammenschließen und das kulturelle Leben in der Stadt wieder richtig nach vorn bringen.«
- »Meine Stiftung soll zu einem Leuchtturm in der Gesellschaft werden.«

- »Ich versauere in meiner eigenen Wohnung, ein Tag ist grauer als der andere. Ich möchte viel lieber in einer WG mit jungen Menschen leben und mein hohes Alter als Chance sehen, meine Weisheit und Erfahrung an andere weiterzugeben. Ich möchte mich mit meinen Gedanken am Puls der Zeit bewegen.«
- »Ich will zu meiner Natürlichkeit zurückfinden und beruflich und privat aufhören, den schönen Schein zu polieren. Ich will in meinen Beziehung echte Nähe erleben und spenden. Ich will das Leben wieder in mein Herz lassen.«
- »Ich stelle seit Jahren Berufliches vorne an. Meiner Beziehung und meiner Familie verlange ich damit einiges ab, und wenn ich ganz ehrlich bin, schade ich schon lange meiner Gesundheit. Am liebsten würde ich einmal ein Jahr lang gar nichts tun und mich nur um meine Liebsten kümmern. Eigentlich will ich gerade gar nicht arbeiten.«
- »Ich will meine Homosexualität frei leben können.«
- »Ich will wieder in meinem alten Beruf arbeiten, auch wenn er nicht gut bezahlt ist. Ich weiß, ich werde dort wieder aufblühen. Ich möchte anderen nicht mehr gefallen, ich will selbstbestimmt leben und mich vor nichts und niemandem mehr rechtfertigen müssen.«

Versuchen Sie gemeinsam den Fragen auf die Spur zu kommen:
- Welche Wahrheit gilt es zu entdecken?
- Welchen Fragen, Themen, Herausforderungen und Probleme »sprießen durch«?
- Womit wollen oder müssen sich die Coachees beschäftigen?
- Wie möchte sie am liebsten leben?
- Welcher Lebensentwurf blitzt durch?

Gehen Sie von dem aus, was ist, und explorieren Sie das Neue, das anklingt. Ist der Geist einmal aus der Flasche, wird es schwierig sein, ihn wieder hineinzubekommen.

Das Lebensmobile

Ich habe zu Beginn des Buches schon Bezug auf das Lebensmobile genommen. Mithilfe des Lebensmobiles (s. S. 42 f. können Coachees zu einer realistischen Einschätzung ihres gegenwärtigen Lebens und ihrer persönlichen Lebensqualität und -zufriedenheit kommen. Sie können den Ist-Zustand ihrer Lebensgestaltung als Ganzes sowie innerhalb einzelner Lebensbereiche erfassen und sich hieraus ergebende Herausforderungen wahrnehmen beziehungsweise darlegen. Unverhältnismäßigkeiten und Schieflagen in der Lebensgestaltung werden transparent gemacht, und im gleichen Zug wird Erfreuliches und Befriedigendes ausgemacht und gewürdigt.

Das Lebensmobile vermittelt sehr einprägsam, dass alle Bereiche des Lebens miteinander verbunden sind. Jede Veränderung eines Bereichs wirkt sich auf die anderen Bereiche aus und nimmt Einfluss. Es veranschaulicht den Coachees sehr gut, dass die Neuausrichtung oder Veränderung eines Lebensbereichs meist bewirkt, dass die übrigens Lebensbereiche ebenfalls eine Transformation erfahren, neu positioniert oder zumindest in Teilen angepasst und anders ausgestaltet werden müssen. Denn wenn ein Lebensbereich in seinem Kern oder seiner Stellung verändert wird, an Wert und Gewicht verliert oder gewinnt, so werden sich die anderen Lebensbereiche in irgendeiner Weise dazu verhalten, um eine stabile Gesamtordnung wiederherzustellen und ein neues Gleichgewicht zu erreichen. Etwas simpler ausgedrückt: Wenn sich ein Bereich verändert, verändern sich alle anderen unabänderlich mit. Einen neuen Lebensentwurf zu gestalten bedeutet demnach, dass das Leben an Dynamik gewinnt, dass beachtliche Entwicklungen in mehreren Lebensbereichen ausgelöst werden, welche dazu führen, dass das Leben eine beachtliche Transformation erfährt.

Das Lebensmobile hilft Coachees sich darüber bewusst zu werden, wenn es in der persönlichen Entwicklung in einzelnen Lebensbereichen oder dem Leben als Ganzes zu Schieflagen kommt. Es macht begreiflich, dass alles im Leben miteinander verbunden ist und dass die eigenen Kräfte und Ressourcen an Grenzen stoßen. Sie können nicht zeitgleich und auch nicht gleichermaßen auf alle Lebensbereiche angewendet werden. Darüber hinaus zeigt das Mobile auf, womit die Coachees in ihrem Leben wirklich zufrieden sind und womit nicht. Dabei kann sich die subjektive (Un-)Zufriedenheiten in einem Bereich in gewissem Umfang auf andere Lebensbereiche oder die Lebensgestaltung insgesamt auswirken. Wenn zum Beispiel das Zusammenleben als Familie höchst unbefriedigend ist, weil es dort permanent zu anhaltenden Spannungen und Konflikten kommt, so kann dies in anderen Bereichen zu Beeinträchtigungen führen, zum Beispiel schlechter Schlaf, Gereiztheit und Konzentrationsschwierigkeiten bei der Arbeit, verringerter Selbstwert.

Anhand des Mobiles können Sie leicht identifizieren, welche Verbindungen und Hebel es gibt, und wo Sie im Coaching ansetzen müssen, um die Lebenssituation der Coachees zu verbessern. Führen Sie mit Ihren Coachees die folgende Übung durch.

UMSETZUNG: DAS LEBENSMOBILE

SCHRITT 1: Legen Sie ein großes Papier und mehrere Stifte in unterschiedlichen Farben bereit. Erklären Sie dem Coachee, dass diese nun ihr persönliches Lebensmobile gestalten sollen. Sie können auch die Abbildung als Muster zeigen (s. Online-Materialien).

SCHRITT 2: Die Coachees bilden ihr Leben mithilfe gemalter Kreise (Kugeln) ab. Jeder Kreis steht für einen Lebensbereich (zum Beispiel Beruf, Familie, Freunde, Finanzen, Spiritualität) oder einen Lebenskomplex. Lebenskomplex meint in diesem Kontext einen Verbund von Aktivitäten, die sich auf ein spezielles Ziel, einen bestimmten Zustand oder eine wichtige Entwicklung oder Lebensqualität richten und sich einem einzelnen Lebensbereich nur schwer zuordnen lassen, wie zum Beispiel Selbstbewusstsein, Kreativität, Zeit für sich, ein besonderes Projekt oder ein Umzug. Die Coachees entscheiden selbst, wie sie die Kreise darstellen, benennen und anordnen. Dabei achten sie darauf, dass sie die momentane Lebenswelt und Situation möglichst wirklichkeitsnah repräsentieren und dass der Raumgehalt der Kreise in etwa dem gelebten Maß und Umfang entspricht.

SCHRITT 3: Fragen Sie nach: Sind alle wichtigen Bereiche beziehungsweise Komplexe (= Ist-Kreise) abgebildet?

SCHRITT 4: Im nächsten Schritt zeichnen die Coachees zu jedem der »Ist-Kreise« in anderer Farbe jeweils einen weiteren Kreis, der die jeweilige persönliche Zufriedenheit darstellt (=Zufriedenheitskreis). Dieser Kreis muss keineswegs der Größe des Ist-Kreises entsprechen, sondern wird je nach Grad an Zufriedenheit im Verhältnis größer oder kleiner gezeichnet.

Beispielsweise beansprucht der Beruf sehr viel Zeit und Energie, also wird der Kreis entsprechend groß gemalt. Er ist momentan jedoch nicht sehr erfüllend und erzeugt eher negativen Stress, daher fällt der zweite Kreis – der »Zufriedenheitskreis« – bedeutend kleiner aus. Der Kreis Partnerschaft ist im Verhältnis deutlich kleiner als der Kreis Beruf, zum Beispiel weil aufgrund von Arbeit oder aufgrund einer Fernbeziehung momentan nicht viel Raum für Zweisamkeit vorhanden ist. Der Zufriedenheitskreis ist aber deutlich größer, weil aus dem Zusammensein sehr viel Positives gezogen wird, was sich zudem förderlich auf andere Lebensbereiche auswirkt.

SCHRITT 5: Werfen Sie zusammen einen Blick auf die Darstellung und überlegen Sie gemeinsam, welche wertvollen Einsichten und Anstöße sich hieraus ergeben.

- Was fällt in der näheren Betrachtung auf?
- Was wird bewusst?
- Wie geht es dem Coachee mit dem Gezeichneten?

- Was ist erfreulich und befriedigend? Was ist unerfreulich und unbefriedigend?
- Was erscheint unverhältnismäßig und hat (zu) viel oder (zu) wenig Raum?
- Was erfüllt? Inwieweit?
- Was fehlt?
- Was hat positive oder negative Strahlwirkung?
- Welche Herausforderungen ergeben sich aus der Ist-Situation?
- Wo kommt es wiederholt zu Konflikten?
- Was sollte oder könnte anders werden?
- Wo gibt es Bedürfnisse oder Erfordernisse sich weiterzuentwickeln?
- Wo ist Entwicklungspotenzial?

SCHRITT 6: Spielen Sie gedanklich mit den Kreisen.

- Wie soll das Leben in Zukunft aussehen?
- Was würde zu einer erheblichen Verbesserung der Lebenszufriedenheit führen?
- Welche Veränderungen und Entwicklungen wären denkbar?
- Was müsste sich persönlich und in der Lebensgestaltung verändern?
- Welche neue (An-)Ordnung wäre optimal?
- Wie groß sollten die Kreise für Beruf, Partnerschaft, Zeit für sich … eigentlich sein?
- Welche Entwicklungen sollten im Kern stattfinden?
- Was soll in Zukunft mehr Raum oder Gewicht erhalten?
- Worauf soll sich die persönliche Energie, Zeit und Aufmerksamkeit in erster Linie richten?
- Wie soll sich das Leben – als Ganzes und in Teilen – weiterentwickeln?

SCHRITT 7: Bitten Sie die Coachees, ausgehend von diesen Überlegungen ein zweites Mobile zu entwerfen, in das sie ihre wichtigsten Erkenntnisse, Ansätze und Ideen einfließen lassen, indem sie zum

Beispiel Kreise in neuer Weise anordnen, vergrößern oder verkleinern, entfernen, hinzufügen hinzu und so weiter. Was wäre in ihren Augen tatsächlich denkbar, wünschens- und lebenswert?

SCHRITT 8: Diskutieren und notieren Sie alle Aktivitäten und Maßnahmen, die voraussichtlich zu ergreifen sein werden, damit sich die Kreise wie im zweiten Modell abgebildet verändern oder entwickeln werden und das Lebensgefühl und die Lebenszufriedenheit positiv beeinflussen.

Zum Beispiel Beruf: Arbeitszeit reduzieren, öfter Nein sagen, selbstbewusst auftreten; Partnerschaft: gemeinsamen Wochenendtrip planen, Alltag liebevoll gestalten, Dankbarkeit zeigen. Damit schaffen die Coachees eine solide Grundlage für einen neuen Lebensentwurf.

Es gibt weitere Möglichkeiten und Varianten, um mit dem Mobile zu arbeiten. Ich möchte hier nur einige anfügen.

- Die Coachees können zusätzlich zu den bereits beschriebenen Schritten im ersten Mobile die gezeichneten Kreise mit Stichworten versehen und ihr momentanes Lebensgefühl in diesem Bereich oder zu diesem Komplex beschreiben. Zum Beispiel: Beruf – angespannt, erschöpft; Partnerschaft – lebendig, lustvoll; Kreativität – blockiert, missmutig ... Ebenso können sie verfahren, nachdem sie das zweite Mobile angefertigt haben. Anschließend können sie vergleichen: Inwieweit würde sich ihre Gefühlswelt verändern?
- Wenn die Coachees einen positiven Wandel ihrer Gefühle antizipieren, so kann dies die Bereitschaft erhöhen, die im zweiten Entwurf beschriebenen Veränderungen in der Lebensgestaltung tatsächlich herbeizuführen.
- Kombinieren Sie das Lebensmobile mit dem 6E-Modell. Erklären Sie dazu zunächst, welche Phasen der Lebensentwurfsgestaltung es gibt. Anschließend gehen Sie gemeinsam mit Ihren Coachees Kreis für Kreis durch und überlegen, in welcher Phase

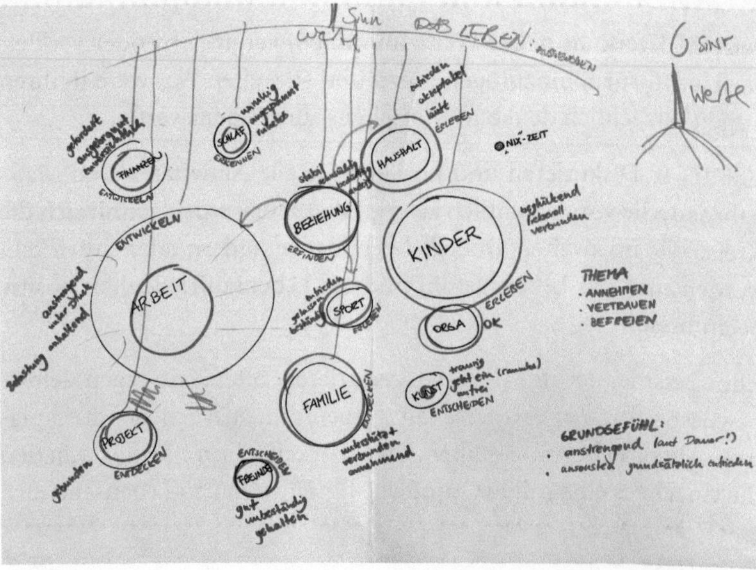

der Lebensgestaltung sich die Coachees aktuell befinden (zum Beispiel Beruf – »Erkennen«, Partnerschaft – »Erleben«) und welche Aufgaben sich hieraus ergeben. Beachten Sie unbedingt den Unterschied: In welche Phasen würden beziehungsweise müssten die Coachees nach dem 6E-Modell im zweiten Entwurf eintreten? Auf diese Weise wird schnell begreiflich, wo ein Übergang bevorsteht oder zumindest in Erwägung zu ziehen ist.

- Betreiben Sie Brainstorming und befüllen Sie die Kreise mit kreativen Einfällen und Ideen: Was könnte Positives entstehen? Was ließe sich gestalten? Was könnten die Coachees Mutiges tun oder ausprobieren? Was würde die Zufriedenheitskreise immens wachsen lassen? Was wäre der absolute Zufriedenheits-Boost? Lassen Sie die Coachees die Kreise mit Einfällen und Überlegungen anreichern. Hieraus ergeben sich oftmals interessante Ansätze, die sie in der Phase »Erfinden« weiterverfolgen können.

- Sie können das Lebensmobile auch in der Sinn- und Wertearbeit heranziehen. Dazu erweitern die Coachees ihre Darstellung zeichnerisch, indem sie die Kreise wie bei einem echten Mobile mit einer Aufhängung – zum Beispiel einem Haken, einem Querstreben und Fäden – versehen. In diesem Bild steht der Haken, an dem alles hängt, dann für den Lebenssinn. Die Querstreben oder Arme sind die Werte. Sie halten alle Lebensbereiche zusammen und sorgen für Stabilität. Die nächste Ebene, die Kugeln, bilden die Lebensbereiche und -inhalte. Sie sind gefüllt mit Aktivitäten, Gewohnheiten und Erfahrungen (s. Abbildung auf der linken Seite). Anschließend können Sie fragen:
  - Aus welcher Quelle – aus welchem Leitsatz oder Sinn – speist sich Ihr Leben? Was steht über allem?
  - Welche Überzeugungen leiten Sie, wenn Sie leben?
  - Was ist der höchste Sinn oder Zweck Ihres Lebens?
  - Woran machen Sie Ihr Leben fest?
  - An welche Werte sind die verschiedenen Lebensbereiche angebunden?
  - Welche Werte verleihen Ihrem Leben Stabilität?
  - Was ist Ihr stärkster Lebensanker?

TIPP

Schieflagen im Lebensmobile – in der Lebensgestaltung – müssen keineswegs immer und häufig auch nicht unmittelbar beseitigt werden. Temporäre Belastungen können durchaus notwendig sein und Sinn machen, wenn es zum Beispiel um das Erreichen eines höheren Ziels oder die Bewältigung einer Krise geht. Man kann nicht pauschal sagen, dass jeder Kreis, der unzufrieden stimmt, geradewegs eine sofortige Wandlung erfahren muss. Manchmal kann die Herausforderung darin bestehen, Unbefriedigendes für eine Zeit lang bewusst auszuhalten, in dem Wissen, dass die Belastung wieder abnehmen wird, sobald im Lebensentwurf, in der persönlichen Entwicklung oder im jeweiligen Lebensbereich ein neues Level erreicht worden ist. Eine größere Zufriedenheit wird sich jedoch einstellen, indem die Coachees ihre innere Haltung und Einstellung zur Ist-Situation verändern. Zum Beispiel können sie zu sich selbst sagen: »Es macht mir nicht unbedingt Freude gerade, ich muss in diesem Lebensbereich im Moment wahnsinnig viele Anstrengungen auf mich nehmen, aber wenn ich langfristig … leben will, macht es jetzt Sinn, daran festzuhalten und diese Zeit durchzustehen.«

Manchmal bringt es rein gar nichts, Kreise hin und her zu schieben, auszutauschen oder zu beseitigen. Bisweilen ist es schier unmöglich, vielleicht sogar unbefriedigend, das Leben oder Teile des Lebens zu verändern. In dem Fall kann es wesentlich erfüllender und befriedigender sein, an der eigenen »Tragfähigkeit« und Stärke zu arbeiten. In diesem Fall geht es darum, das Leben im Wesentlichen zu bewahren und die individuelle Lebenskompetenz zu erhöhen, indem die Coachees zum Beispiel lernen, mit dem Leben an sich besser umzugehen.

Wichtig ist mir festzuhalten, dass es – zumindest meiner Erfahrung nach – kein Lebensmobile gibt, in dem alle Lebensbereiche allzeit gleichermaßen ausgefüllt sind, in vollkommen harmonischer Beziehung zueinander stehen und reibungslos zusammenspielen. Es ist schwierig, permanent alle Bereiche des Lebens auf einem hohen Niveau zu halten. Auch wenn es diese Plateauphasen und Hochzustände im Leben geben mag, wo sich kurzzeitig alles vollkommen, passend und richtig anfühlt … dieser Zustand ist nicht dauerhaft. Daher gilt es instinktiv immer wieder kluge und weise Entscheidungen zu treffen:

- Welchem Lebensbereich und welcher Entwicklung will ich mich jetzt zuwenden?
- Was kann ich für eine Weile so laufen lassen oder zurückstellen?

- Was hat jetzt, in dieser Phase meines Lebens Priorität und wird von mir – neben einigen anderen Bereichen, die mir auch wichtig sind – vorrangig behandelt?
- Welcher Bereich soll später unbedingt später wieder anwachsen oder erstarken?

Diese Entscheidungen spiegeln sich im persönlichen Lebensentwurf. Er beschreibt das, was gegenwärtig persönlich bedeutsam, lebenswert und gewollt ist.

Check-up

Sind die Coachees bereit, ihr Leben einem echten Check-up zu unterziehen? Dann lassen Sie sie ein paar Tage ganz genau Acht darauf geben, wie sie leben. Sie können dabei folgenermaßen vorgehen.

UMSETZUNG: CHECK-UP

SCHRITT 1: Vereinbaren Sie einen Zeitraum von mehreren Tagen, in denen die Coachees ihr Leben und ihre Lebenszufriedenheit gründlich erforschen. In diesen Tagen sollen sie am besten stets etwas zum Schreiben mit sich führen. Sie können auch ihr Smartphone für Sprachnotizen nutzen. Wichtig ist, dass sie unabhängig von Ort und Stelle jederzeit eigene Ideen oder Erkenntnisse festhalten können.

Bitten Sie sie, im positiven Sinne ein bisschen Detektiv in ihrem Leben zu spielen und sich selbst beim Leben über die Schulter zu schauen. Mögliche Fragen für die Coachees sind:

- Wie ist Ihre Lebensführung?
- Wie gestalten Sie Ihr alltägliches Leben?
- Wie stehen Sie morgens auf? Wie starten Sie in den Tag? Wie beenden Sie ihn?
- Wie essen, trinken, arbeiten, kochen, wohnen, kommunizieren, sitzen, schlafen, fühlen … Sie?
- Wie bewegen, pflegen, finanzieren, fordern, lieben, entspannen … Sie sich?
- Welche Routinen, Gedankens- und Verhaltensmuster gibt es?
- Welche Themen gibt es?
- Womit sind Sie (un)zufrieden oder (un)glücklich?
- Wo sind Sie »lebenskompetent«?
- Was tun Sie für Ihr Glück?
- Wann fühlen Sie sich unsicher, hilflos?
- Was macht Sinn? Was erscheint sinnlos?

- Welche Konflikte gibt es?
- Was hätten Sie gern ein bisschen anders?
- Was wollen Sie ganz anders?
- Wann sind sie ganz bei sich? Wo verlieren sie sich?
- Was läuft richtig gut? Was klappt nicht?
- Was stärkt? Was ist anstrengend, was belastet?
- Was ist zu viel? Was ist zu wenig?
- Was braucht es mehr, was weniger?
- Was zeichnet sich schon länger ab?
- Was arbeitet in der Tiefe, »im Untergrund«?
- Was ist nicht nur aktuell oder kurzfristig ein Thema oder eine Herausforderung?
- Wonach sehnen Sie sich?
- Welche Ideen oder inneren Bilder tauchen auf?

Und nach dieser genauen Betrachtung können Sie mit Ihren Coachees untersuchen, welche Veränderungen sich diese tatsächlich umzusetzen wünschen.

Die Coachees müssen selbstverständlich nicht jede Frage aufgreifen und beantworten. Sie können eigene Fragestellungen entwickeln, einzelne Fragen herausgreifen oder auch ihrem bloßen Gefühl nach Beobachtungen anstellen. Entscheidend ist, dass die Coachees ihre Lebenswirklichkeit aus einer höheren Perspektive, der Metaebene, in den Blick nehmen und neue, wertvolle Erkenntnisse darüber gewinnen und schriftlich festhalten.

Oder Sie regen an, dass sich die Coachees beim Check-up einzelnen Lebensbereichen oder speziellen Themen widmen, um nach dem ersten Überblick den Ergebnissen weiter auf den Grund zu gehen. Zum Beispiel kann der Fokus auf die berufliche Entwicklung, die eigene Liebensbeziehung, das Elternsein, die Ernährung, das Selbstvertrauen gelegt werden. Dazu können Sie die meisten Fragen heranziehen und diese ein wenig abgewandelt auf den ausgewählten Bereich zuschneiden.

SCHRITT 2: Anschließend werten Sie gemeinsam die Notizen aus.

- Was hat sich gezeigt?
- Was ist den Coachees über sich und ihr Leben bewusst geworden?
- Welche wegweisenden Erkenntnisse haben sie gewonnen?
- Was möchten diese in der Lebensführung ändern?
- Wo möchten sie sich weiterentwickeln?
- Was bedarf einer Neuausrichtung?
- Welchen Lebenswandel streben sie an?
- Wie soll ihr Leben in Zukunft aussehen?
- Was würden sie ganz konkret – auch alltäglich – gern anders machen?

Der Check-up ist sehr wirkungsvoll, um persönliche »Lebenskiller« aufzudecken und alltägliche Stressoren und Schmerzpunkte bewusst zu machen. Mikro-Gewohnheiten, aber auch tiefgreifende Denk- und Verhaltensroutinen, die sich eingeschliffen und verfestigt haben, können aufgedeckt und hinterfragt werden. Viele Coachees erschrecken regelrecht, wenn ihnen beispielsweise bewusst wird, dass sie keinen Toilettengang mehr ohne Handy einlegen, drei Liter Cola am Tag trinken, seit Tagen mit keinen einzigen Freund, keiner einzigen Freundin gesprochen haben, nicht über die eigene Stadtgrenze hinauskommen, kein Tag ohne Sorgen vergeht, kein liebevolles Wort mehr über die Lippen kommt und so weiter. Andere wundern sich, was sie Tag für Tag unausgesprochen an Themen mitschleppen, während sie ihren Alltag von außen betrachtet eigentlich gut meistern.

Die Coachees entwickeln auf diese Weise ein gewisses Problembewusstsein. In vielen Fällen erfassen sie erstmalig die Dimension und Dynamik bestimmter Schwierigkeiten. Auf dieser Basis können Kernthemen für das Coaching herausgearbeitet werden. Gleichzeitig wird die eigene Achtsamkeit trainiert. Die Coachees öffnen sich selbst die Augen, indem sie wirklich einmal hinschauen. Sie sehen, wie sie leben.

Im Übrigen können in der Phase »Entwickeln« die Pfade wieder aufgenommen werden, um neue Lebensgewohnheiten einzuführen.

Auf der anderen Seite entdecken die Coachees wertvolle Fähigkeiten, Strukturen und Ressourcen. Ebenso, wie sie sich über negative Aspekte oder Entwicklungen bewusst werden, erlangen sie einen klaren Blick für das Positive und Gute in ihrem Leben. Sie sehen, was gelingt, wo sie derzeit »gut« unterwegs, was sinnvolle und lohnende Begebnisse in ihrem Leben sind.

Nicht nur das zu sehen, was schlecht läuft, sondern auch das, was gelingt und heranreift, ist ganz wichtig. Tatsächlich bildet das, was mit und ohne unser eigenes Dazutun »rund« und gut läuft, häufig die Mehrheit. Allerdings ist es meist nicht in dem Maße bewusst und wird als selbstverständlich erachtet. Der Check-up fördert die Wertschätzung des Lebens in seinem gegenwärtigen Zustand. Die Coachees erleben eine neue Verbundenheit und Dankbarkeit im Hinblick auf Ihr eigenes Leben.

Schattenriss

Bei dieser Übung nehmen die Coachees ihr Leben anhand von Kriterien, die sie subjektiv als wichtig erachten, in Augenschein und unterziehen es einer Bewertung. Gleichzeitig begreifen sie, dass ihr Leben nichts Statisches, sondern in seiner Ausgestaltung und Qualität dynamisch und variabel ist. Ihnen wird bewusst, dass es zum großen Teil in ihrer Verantwortung liegt, wie sich ihr Leben entwickelt. Die Übung lenkt den Blick auf die persönlichen Einflussmöglichkeiten und die Variationsbreite und Vielgestaltigkeit des Lebens. Veränderungsmöglichkeiten in der Lebensgestaltung werden bewusst.

UMSETZUNG: SCHATTENRISS

SCHRITT 1: 1. Bitten Sie die Coachees, auf einem Blatt Papier circa 15 Begriffe aufzulisten, die beschreiben, welche Qualitäten ihr Leben ihrer idealen Vorstellung aufweisen sollte. Was soll das Leben auszeichnen, das sie gestalten möchten? Die Coachees sollen die Begriffe in der linken Seite des Blattes untereinander in einer Spalte auflisten.

Zum Beispiel wählen sie die Begriffe glücklich, entspannt, naturbewusst, familiär, wohlhabend, liebevoll, selbstbestimmt, friedlich, selbstbewusst, gesund, ausgeglichen, frei, sportlich, kreativ, inspirierend.

SCHRITT 2: Dann sollen die Coachees diesen Begriffen gegenteilige Begriffe gegenüberstellen und in der rechten Hälfte des Blatts notieren. Anschließend werden die Begriffspaare mit Doppelpfeilen verbunden. Sie repräsentieren die möglichen Abstufungen, das erlebbare Spektrum zwischen den Polen.

glücklich ←——————→ unglücklich
entspannt ←——————→ unentspannt

naturbewusst	⟷	achtlos
familiär	⟷	unverbunden
wohlhabend	⟷	mittellos
liebevoll	⟷	lieblos
selbstbestimmt	⟷	fremdbestimmt
friedlich	⟷	konfliktreich
selbstbewusst	⟷	unsicher
gesund	⟷	krank
ausgeglichen	⟷	gestresst
frei	⟷	unfrei
sportlich	⟷	antriebslos
kreativ	⟷	untätig
inspirierend	⟷	langweilig

SCHRITT 3: Fragen Sie die Coachees, wie sie ihr Leben anhand dieser Kriterien einschätzen. Gehen Sie alle Begriffe durch und lassen Sie die Coachees ein farbiges Kreuzchen – zum Beispiel blau – an die entsprechende Stelle setzen, auf der diese sich aktuell zwischen diesen Polen befinden.

SCHRITT 4: Nehmen Sie eine Spielfigur oder Ähnliches zur Hilfe. Stellen Sie sie auf die Stellen, wo die Coachees die Kreuzchen gesetzt haben, und verschieben Sie die Figur dann in Richtung der gewünschten Pole. Fragen Sie:

- Wie tragen Sie selbst dazu bei, dass Ihr Leben glücklich, entspannt … ist?
- Was müsste sich in Ihrem Leben verändern, damit ihr Leben glücklicher, entspannter … wird?
- Welche Fragen, Themen oder Probleme bestimmen das derzeitige Leben, inwieweit beeinflussen sie Ihr Leben?
- Was möchten Sie neu oder anders gestalten?
- Welche Gestaltungsräume sehen sie, damit sich ihr Leben in Richtung des gewünschten Pols entwickelt?

- Inwieweit müssten Sie sich dazu selbst neu erfinden oder weiterentwickeln?
- Was würden Sie gern am liebsten tun oder lernen wollen?
- Welche persönliche Chance sehen Sie – durch die aktuellen Herausforderungen – für Ihr Leben?

SCHRITT 5: Fragen Sie dann in die andere Richtung:

- Was müsste passieren, damit sich Ihr Leben diametral anders entwickelt?
- Mit welchen Herausforderungen oder Gefahren sind Sie derzeit konfrontiert?
- Inwieweit haben Sie das Gefühl, dass sich Ihr Leben in die ungewünschte Richtung entwickelt?
- Inwieweit haben Sie selbst positiven und negativen Einfluss darauf?
- Wie schützen Sie sich davor, in Unerwünschtes abzudriften?
- Wie haben Sie es geschafft, sich genau an der Stelle zu halten?

SCHRITT 6: Welchen Zustand streben Sie an? Was wäre lebenswert und stimmig? Lassen Sie die Coachees wieder Kreuzchen setzen, diesmal in einer anderen Farbe, zum Beispiel orange.

SCHRITT 7: Überlegen Sie gemeinsam:

- Was wäre eine erfreuliche Entwicklung?
- Was unterscheidet die Wunschposition von der Ausgangssituation?
- Wie groß ist der Sprung?
- Wie könnte der Lebensentwurf passend verändert werden?
- Worauf möchten Sie sich fokussieren?
- Welche Visionen könnten Sie stützen?

Mithilfe dieser Übung wird auch deutlich, dass das Leben nicht »perfekt« sein muss. Es müssen nicht alle definierten Kriterien (= Erwartungen) zu 100 Prozent erfüllt sein, um zufrieden und glücklich sein zu können. Das Leben ist kein Dauerhochzustand und verlangt keine Bestnoten. Es bewegt sich ständig zwischen verschiedenen Polen. Es verändert seine Qualität, je nachdem, wie es gestaltet wird und welchen Herausforderungen es unterliegt. Dementsprechend schwanken das eigene Lebensgefühl und die persönliche Lebenszufriedenheit. Insbesondere in Krisenzeiten dürfen die »Regler« also auch mal nach unten gehen. Sie zeigen an, dass der Leidensdruck momentan zunimmt und die Lebensqualität abnimmt. Den Coachees wird dadurch begreiflich, in welcher Lebenssituation sie sich befinden, und wie wichtig und dringlich es ist, die persönliche Lebensgestaltung anzupassen oder zu wandeln. Sie können eigene Handlungsspielräume und Entwicklungsmöglichkeiten erkennen und sich entschließen, die Hebel (wieder) wirkungsvoll umzulegen.

TIPP

Es gibt zahlreiche weitere Methoden und Übungen, die Sie in dieser Phase einsetzen können, wie zum Beispiel die Wheels of Life, die Life Map, das Lebenspanorama oder Fragebögen zur Erfassung der subjektiven Lebensqualität und -zufriedenheit wie zum Beispiel den Fragebogen zur Lebenszufriedenheit (FLZ). Informationen dazu finden Sie im Internet zum Beispiel auf folgenden Homepages:

https://www.testzentrale.de/shop/fragebogen-zur-lebenszufriedenheit.html

https://www.trainertreffen.de/index.php/journal-mainmenue/115-methoden/24939-bildnerische-methoden-6-das-lebenspanorama-biographische-muster-auf-einen-blick

Phase 2: Erkennen

In dieser Phase ergründen Sie mit den Coachees, welche Veränderungen in der Lebensgestaltung tatsächlich notwendig, sinnvoll und/oder gewollt sind. Die Coachees benennen das, was sich ernsthaft verändern soll, muss oder darf.

- Welche innere Veränderung steht an?
- Welche äußere Veränderung steht an?
- Welche Lebensbereiche werden tangiert?
- Welcher Grad an Veränderung ist notwendig?
- Wie weitreichend sind die Veränderungen?
- Welche Entwicklungen oder Umbrüche sollen eingeleitet werden?

Diese Einschätzung ist wichtig, um sich den Herausforderungen für den Lebensentwurf gewahr zu werden und um eine erste Anschauung von den bevorstehenden Entwicklungsaufgaben zu erhalten.

BEISPIELE

Sara kann es kaum erwarten, aus dem Gewohnten auszubrechen. Sie fühlt sich schon seit Wochen unwohl in ihrer beruflichen und privaten Situation und will schleunigst an einem neuen Lebensentwurf basteln. »Dieses Leben passt einfach nicht mehr, Neues muss her.« Sie krempelt freudig die Arme hoch und benennt in einem Atemzug eine ganze Reihe von Dingen, die sich »glasklar« ändern müssen. Dann blickt sie hinauf zur Zimmerdecke: »Puh, da hat sich einiges angestaut. Werde ich das alles hinkriegen!? Ich habe mein Leben ganz schön schleifen lassen?«

Tristan erkennt, dass er weder im Berufs- noch im Privatleben glücklich ist. »Es läuft seit Monaten nicht.« Lange hat er versucht, die Realität zu verdrängen und vieles immer wieder heruntergespielt. Fakt ist: Die Arbeit ist nervtötend, und seine Partnerin geht fremd.

»Herrje, das wird nicht einfach werden, aber in Ordnung, mir ist klar, wenn ich wieder glücklich sein will, ist ein doppelter Turnaround notwendig!«

Stefan wurde gekündigt, bezieht jedoch noch für sechs Monate ein Gehalt. Schon lange hatte er vor, zusammen mit einem Freund ein Start-up zu gründen, aber der Mut war nie groß genug. Die Familie will schließlich versorgt werden … Seine Frau Lisa schwankt, ob sie nach der Elternzeit ihre Arbeit als Beamtin wieder aufnehmen soll. Sie hat noch eine andere Idee im Kopf: Am liebsten würde sie eine App entwickeln, mit der berufstätige Mütter schnell untereinander in Kontakt treten und einen lokalen Circle of Support gründen können. Die Überlegungen des Paars werden im konservativen Familienkreis mit Skepsis beäugt. Stefan und Lisa sehen, was auf dem Spiel steht: »Wir stehen an einem Scheideweg. Entweder führen wir das todsichere Leben, das wir schon lange satt haben, oder wir folgen jetzt unserem Herzen und gehen den Abenteuerweg der Selbstbestimmung.«

Die Beispiele zeigen, wie verschieden die Anlässe sein können, um über den eigenen Lebensentwurf nachzudenken. Mal sind es plötzliche Einfälle, glückliche Zufälle oder überraschende Angebote, die zur persönlichen Veränderung einladen und für unerwartete Wendungen im Lebensentwurf sorgen. Mal sind es traurige Ereignisse oder schmerzliche Erfahrungen, persönliche Schmerzpunkte, auf die wir stoßen oder gestoßen werden, und die zur Einsicht führen, dass das Leben anders als bisher gestaltet werden will oder muss. Diese Einsicht, dass im Leben etwas Neues bevorsteht, kann leicht fallen und Vorfreude auslösen oder mit Schmerz, Trauer, Angst und Widerständen verbunden sein. Ganz gleich, was zu dieser Erkenntnis geführt hat und mit welchen Gefühlen sie einhergeht: In dieser Phase geht es darum, sich innerlich festzulegen und eine »grobe Marschrichtung« für das weitere Leben zu bestimmen.

TIPP

Achten Sie darauf, dass die Coachees in dieser Phase keine ausufernden Schuldgefühle entwickeln und überzogene Vorwürfe an sich richten, weil sie in der Vergangenheit möglicherweise versäumt haben, einen stärkeren, positiveren Einfluss auf ihr Leben zu nehmen. Natürlich stimmt es, dass sie zu großen Teilen selbst verantwortlich sind, in welche Richtung sich ihr Leben entwickelt hat. Gewiss haben sie sich mit ihrem Verhalten, ihren Sichtweisen und Überzeugungen (teilweise) selbst in die Lebenssituation gebracht, in der sie sich heute befinden und mit der sie nun ringen. Sie sollten deswegen aber keineswegs den Glauben daran verlieren, dass sie imstande sind, Versäumnisse nachzuholen und neue Wege zu beschreiten. Es genügt, sich zu fragen, was (ihnen) damals gefehlt hat, um selbstbestimmter, freier, sorgloser, verantwortungsvoller … oder was auch immer handeln zu können. Daraus können sie lernen und etwas Positives für sich und ihr künftiges Leben ziehen. Sie können die Selbsterkenntnis zur Weiterentwicklung nutzen und sich dieses Mal bewusst für andere Herangehensweisen oder eine neue Richtung entscheiden.

Die Coachees befinden sich genau an der Schwelle, wo alt und neu ineinanderlaufen. Ihnen wird klar, dass sie sich zumindest gedanklich nun schon an einem »entscheidenden« Punkt befinden, wo sie gefordert sind, einen Schritt vor oder zurück zu machen. Entweder unternehmen sie nichts und alles bleibt mehr oder weniger beim Alten oder sie verändern sich und richten sich und ihr Leben konsequent neu aus. Die Coachees spüren instinktiv, dass ihr Entschluss – der nächste Schritt – wegweisend ist. Er bestimmt in hohem Maße, wie sich ihr Leben in Zukunft entwickeln wird. Darum ist dieser Schritt meistens so schwierig und verursacht häufig einen Mix aus unterschiedlichen Gefühlen und Gedanken.

- Will ich die Veränderung? Wirklich?
- Bin ich bereit, mich tatsächlich zu verändern?
- Bin ich bereit, Verantwortung zu übernehmen?
- Inwieweit bin ich überzeugt, den Herausforderungen und Problemen gewachsen zu sein?
- Wie groß ist mein Zutrauen in mich?
- Lasse ich los oder halte ich fest?
- Glaube ich an mich und meine Zukunft – oder nicht?
- Bin ich gewillt, optimistisch in meine Zukunft schauen? Oder möchte ich an Ängsten, Zweifeln und Unsicherheiten festhalten?

Diese Phase ist herausfordernd. Die Coachees sind gefordert, die Veränderungen, die sie im Lebensentwurf anstreben, klar zu benennen. Sie sollen sich selbst gegenüber verbindlich ausdrücken, welche Veränderungen sie tatsächlich beabsichtigen. Dazu ist es wichtig, dass sie sich festlegen, wer sie in ihrem Leben eigentlich sein wollen, wie sie sich persönlich weiterentwickeln und in welche Richtung sie ihr Leben lenken möchten. Sie sollen eine den eigenen Wünschen und Bedürfnissen, sich selbst getreue, konsequente Entscheidung treffen, wie sie ihr Leben leben möchten.

Es geht also um Konsequenz und um Klarheit, um Selbstverantwortlichkeit und Selbstverbindlichkeit. Die Coachees beziehen eigenverantwortlich Position und erklären sich bereit, sich und ihr Leben zu verändern. Sie als Coach bestärken die Coachees. Sie machen deutlich, dass Neues nur dann einziehen kann, wenn sie wirklich dazu bereit sind und den Übergang innerlich wie äußerlich einleiten.

Dazu gehört unweigerlich, ebenfalls das zu sehen und anzuerkennen, was aus welchen Gründen auch immer nicht mehr lebenswert ist oder erscheint. Sich und sein Leben weiterzuentwickeln heißt nicht nur, auf Neues zuzugehen, sondern auch von Gelebtem Abstand zu nehmen. Es bedeutet, einen Teil loszulassen, um anderes erfahren zu können. Dies kostet zweifelsohne Überwindung und darf durchaus Unsicherheit, Sorgen und Ängste auslösen.

TIPP

Wenn Coachees plötzlich starke Zweifel entwickeln, ob eine intendierte Veränderung nun »wirklich sein muss« oder ob es unter Umständen vielleicht doch besser oder sinnvoller wäre, noch abzuwarten und zu schauen, wie sich Dinge entwickeln, empfehle ich eine genaue Betrachtung. Um welche Bedenken geht es konkret? Was genau ruft innerlich Unsicherheit, Vorbehalte oder Widerstand hervor? Welche Angst schwingt möglicherweise mit? Vielleicht lässt sie sich durch näheres Hinschauen schnell auflösen, vielleicht ist eine tiefere Auseinandersetzung notwendig.

Oft bezieht sich die Angst gar nicht auf die Veränderung an sich, sondern auf die mit der Veränderung einhergehenden Auswirkungen und Folgen. Ein Jobwechsel kann zum Beispiel hundertprozentig gewollt sein und dennoch herausgezögert werden, weil der Mut fehlt, die Entscheidung dem Chef oder der Partnerin zu übermitteln. Oder: Eine Trennung mag der einzig sinnvolle Ausweg sein. Gleichwohl kann die Vorstellung, danach ein »Geschiedener« zu sein und als Single durchs Leben zu gehen, den Schritt mächtig behindern.

Beleuchten Sie gemeinsam, inwieweit es klug ist, einem einzelnen Konflikt oder Problem so viel Macht einzuräumen, dass das Gewünschte oder Beabsichtigte insgesamt infrage gestellt wird, und ob es nicht klüger wäre, genau an diesem Punkt einen anderen Umgang damit zu finden.

Erörtern Sie mit den Coachees, ob sie nicht lieber an den Herausforderungen wachsen möchten, als ihrer Angst zu folgen und sich in der Gestaltung ihres Lebens zurückzunehmen. Fragen Sie sie, ob sie die Realisierung ihrer Wünsche, Träume und Vorstellungen wirklich weiterhin selbst blockieren wollen oder ob sie vielleicht lernen möchten, die Herausforderungen zu bewältigen. Können Sie sich vorstellen, den Ängsten, Zweifeln und Widerständen etwas entgegenzusetzen? Wäre es lohnenswert?

Sie können darauf hinweisen, dass in dieser Phase zunächst nur das »Was?« – also die Veränderung selbst – von Bedeutung ist und dass am besten noch gar keine Gedanken in Richtung des »Wie?« – den Transfer – anzustellen sind. Erklären Sie, dass Sie sich allen Fragen, die die Umsetzung betreffen, später noch in aller Ruhe widmen werden.

TIPP

Es kann förderlich sein, in einer separaten Session Schlüsselsituationen gedanklich in Ruhe komplett durchzuspielen, um neue, nützliche Handlungsstränge zu erarbeiten, erlangte Überzeugungen selbstkritisch zu hinterfragen, übertriebene oder falsche Sichtweisen zu korrigieren und insgesamt weitsichtiger zu denken – und dann auch zu agieren. Daraus kann ein Gefühl der inneren Stärke erwachsen, sodass die Coachees lernen: »Ich kann mit der Angst tatsächlich umgehen. Sie ist kein Grund, mich und mein Leben nicht in Griff zu bekommen.« Die Angst wird dann zum Ausgangspunkt für persönliches Wachstum. Sie verweist auf einen inneren oder äußeren Konflikt, der gelöst werden sollte, damit er nicht zum Stolperstein der Veränderung wird.

Das Was und das Wie zu entkoppeln, ist also hilfreich. Den Coachees fällt es dann wesentlich leichter, eine selbstverbindliche Aussage darüber zu treffen, welche Richtung sie einschlagen und welche Veränderungen sie tatsächlich einleiten wollen.

- Will ich mich verändern, einen Lebenswandel einleiten und Neues realisieren, und das mit allen Auswirkungen, Folgen und Konsequenzen?
- Oder halte ich am Bestehenden fest, ebenfalls mit allen Auswirkungen, Folgen und Konsequenzen?

Diese Entscheidung steht im Wesentlichen an. Ganz gleich, welche Richtung die Coachees einschlagen und welchen Weg sie wählen, so sollten sie sich hierbei einer Sache gewahr sein: Jeder Weg ist mit Herausforderungen verbunden.

Sich einen Lebenswunsch oder -traum zu erfüllen, kann mit Investitionen, Mühen und Stress verbunden sein. Es nicht zu tun, kann die Coachees unter Umständen jedoch teuer zu stehen kommen und ihnen einiges abverlangen.

Diese Erkenntnis, dass das Leben in gewisser Weise immer mit bestimmten Herausforderungen und Belastungen verbunden sein wird, sollte die Coachees motivieren, ihre individuellen Wahlmöglichkeiten und Gestaltungsräume zu nutzen. Im besten Fall entschließen sie sich freiwillig, die Herausforderungen als Chance zu begreifen, sich und ihr Leben in eine erfreuliche Richtung weiterzuentwickeln und ihr persönliches Potenzial auszuschöpfen.

Sobald diesbezüglich eine klare Aussage getroffen ist, kann sich der Fokus darauf richten, welche Möglichkeiten sich hinsichtlich der Lebensgestaltung bieten. Die Coachees lassen das, was sie nicht mehr wollen, los, schaffen innerlich Raum für Neues und befassen sich in der Breite mit alternativen Lebensmodellen und -möglichkeiten.

Die folgende Übung hilft den Coachees sich innerlich neu zu sortieren und in ihrem Leben aufzuräumen. Indem sie gedankliche Verschiebungen vornehmen, können sie anschaulich besiegeln, was sie in ihrem Leben fortführen und bewahren, wovon sie sich trennen und was sie in Zukunft realisieren möchten. Gleichzeitig ist Raum für offene Fragen und Unsicherheiten. Auf diese Weise werden Widerstände gegenüber erdenklichen Veränderungen abgebaut und scheinbare Unvereinbarkeiten aufgehoben. Es wird deutlich, dass es möglich ist, auch mit inneren Bedenken und Unklarheiten auf eine neue Lebensrealität zuzugehen. Im neuen Lebensentwurf können sie die Funktion von offenen Lernfeldern oder laufenden Baustellen übernehmen. So eingebunden, verlieren sie ihre die Entwicklung bremsende Wirkung und erscheinen eher förderlich, im Sinne eines sinnvollen Zwischenschritts zwischen zwei Leveln.

UMSETZUNG: MAL GANZ EHRLICH ...

SCHRITT 1: Stellen Sie verschiedene Boxen auf und beschriften Sie sie mit folgenden Etiketten:

Wovon ich mich ehrlich lösen will ...	Was ich ehrlich fortführen will ...	Was ich ehrlich will ...	Fragen, die mich ehrlich beschäftigen ...

Sie erläutern dem Coachee die Vorgehensweise und verweisen auf die Aufgabenkomplexe

- Abschied,
- Stabilität,
- Neubeginn und
- Herausforderung,

die bedeutsam sind, um zu einem selbstverantwortlichen und selbstbestimmten Lebensentwurf zu gelangen.

SCHRITT 2: Die Coachees sollen ihre spontanen Überlegungen und Einfälle auf einzelnen Zetteln festhalten und diese den passenden Boxen zuordnen. Ermutigen Sie die Coachees, wirklich alles, was gedanklich auftaucht, festzuhalten.

SCHRITT 3: Sprechen Sie anschließend über die Einsichten und überlegen Sie gemeinsam, inwieweit es lohnend und wünschenswert wäre, dass sich die Coachees nun ganz real diesen Aufgaben stellen und die Fragen als persönliche Herausforderungen verstehen und auf diesen Weg mitnehmen.

SCHRITT 4: Sind die Coachees bereit, sich auf den Lebenswandel einzustellen? Wenn ja: Welches innere Bild, welche Vision taucht dazu auf? Diese bildet die Grundlage für das weitere Coaching.

SCHRITT 5: Nach der Sitzung können die Coachees alle Zettel in einen Briefumschlag legen und ihn verbrennen oder in einen Fluss werfen, um den Aufbruch zu markieren. Dabei sollen Sie das innere Bild visualisieren und sich positiv auf den Lebenswandel einstimmen.

Persönliche Veränderung besteht häufig aus zwei Komponenten: Einerseits gebe ich etwas auf, lasse etwas los. Andererseits erschaffe und gestalte ich etwas Neues. Manchmal geschieht die Veränderung, indem ich erst loslasse und mich von etwas befreie und dann etwas Neues tue oder beginne – und manchmal vollzieht sie sich genau anders herum. Ich beginne, erst etwas Neues zu tun, und genau dies ermöglicht mir dann, anderes aufzugeben und gehen zu lassen. Genau dazu regt die folgende Übung an. Die Coachees können sich aus beiden Richtungen mit der Frage befassen, welche Veränderungen sie ernsthaft in Betracht ziehen wollen.

Die Coachees werden eingeladen, alles aufzuschreiben, was sie gern aufgeben oder loslassen möchten. Gleichzeitig können sie überlegen, was sie im Austausch oder als Entgegnung stattdessen in ihr Leben bringen möchten. Die Übung erleichtert eine konsistente, proaktive Ablösung von Denkweisen, Verhaltensmustern, unerwünschten Zuständen, Bezügen und Dingen.

Vorbehalte und Widerstände etwas innerlich loszulassen und aufzugeben werden verringert, da dem entstehenden, freiwerdenden Raum – dem angenommen »Verlust« – unmittelbar ein Wert – »Gewinn« – entgegengestellt wird. Gedanklich findet sozusagen ein direkter Ausgleich statt. Die Coachees fallen in kein imaginäres Loch, vielmehr können sie die positive Wirkung des Austauschs gefühlsmäßig sofort wahrnehmen und bemerken.

Dies steigert die Motivation und Bereitschaft, Bestehendes tatsächlich zu verändern, aufzugeben oder zu überwinden. Die Übung motiviert die Coachees, an der Schwelle des Übergangs nicht stehen zu bleiben, sondern den Übertritt vom einen ins andere wirklich zu leisten. Sie macht begreiflich, dass das eine nicht ohne das andere geht beziehungsweise das eine mit dem anderen einhergeht. Die Coachees können ein lebensnahes Verständnis davon entwickeln, wie sie Veränderungen in Ihrem Leben tatsächlich vollziehen und gelingend meistern können.

Sie lernen: Wer ankommen will, muss bereit sein zu springen. Und nur wer einen Weg sieht, springt.

UMSETZUNG: LET IN AND LET GO

SCHRITT 1: Die Coachees erhalten ein großes Blatt Papier, auf dem eine leere Wolke zu sehen. Achten Sie darauf, dass innerhalb und außerhalb der Wolke genügend Platz für Notizen zur Verfügung steht.

- Die Coachees machen ein Brainstorming zu folgenden Fragen:
- Was möchte ich aufgeben oder loslassen?
- Wovon möchte ich mich in meinem Leben befreien?
- Was will ich verwirklichen, erleben? Was soll neu, anders oder besser sein in meinem Leben?

Sie notieren das, wovon sie sich lösen möchten, außerhalb der großen Wolke, und das, was sie neu kreieren oder erfahren möchten, innerhalb der Wolke, zum Beispiel in Form kleinerer Wölkchen. Dabei versuchen sie möglichst zu jedem Punkt, der im Umfeld der Wolke notiert wird, auch einen passenden Punkt im Wolkeninneren zu finden – und umgekehrt. Es ist auch erlaubt, einem Punkt mehrere andere Punkte auf der anderen Seite gegenüberzustellen.

Außerdem können Punkte notiert werden, zu denen die Coachees kein »Gegenüber« benennen können. Dabei kann es sich um Themen oder Fragestellungen handeln, zu denen sie noch keine lebenswerte Alternative und Perspektive entwickelt haben. Es können beispielsweise Probleme sein, für die sie bislang kein attraktives, wirksames »Gegenmittel« gefunden haben. Unter Umständen haben sie noch keine Vorstellung davon entwickelt, wie sie einem Problem selbstwirksam begegnen können und was sie stattdessen in ihr Leben holen könnten. Das könnte so aussehen:

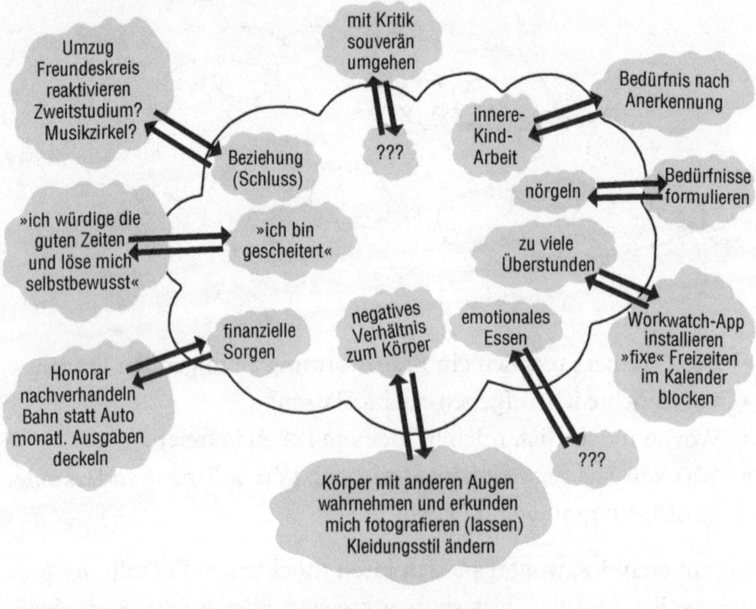

SCHRITT 2: Anschließend oder gegebenenfalls in weiteren Sessions – zum Beispiel in der Phase »Erfinden« – können Sie sich gemeinsam nochmals intensiver damit befassen.

Phase 3: Erfinden

In dieser Phase geht es um die Plastizität des eigenen Lebensentwurfs. Das bedeutet: Das individuelle Entwicklungspotenzial wird ausgelotet. Es wird in Möglichkeiten »vorgefühlt« und gedacht. Innere Bilder und denkbare Ansätze sowie Konzepte zur persönlichen Weiterentwicklung und zukünftige Lebensgestaltung werden aufgedeckt beziehungsweise entworfen. Dabei wird mit unterschiedlichen, alternativen Lebensmodellen und Szenarien gespielt.

- Was kann ich mir im besten Sinne für mich und mein Leben in Zukunft vorstellen?
- Wer möchte ich in Zukunft gern sein?
- Wie möchte ich sein und leben?
- Was möchte ich überwinden, ausloten, gestalten?
- Welche Ideen oder Einfälle tauchen auf?
- Was kann ich mir in Bezug auf meine Lebensgestaltung vorstellen?
- Welche Chancen und Möglichkeiten sehe ich?
- Was sind große Träume oder Herzenswünsche?
- Was wäre das Beste, Schönste, Wundervollste, Faszinierendste, Sinnvollste …, das ich mir persönlich vorstellen kann?
- Was ist meine »lebensmutigste« Vision?
- Welche Entwicklung wäre möglich?
- Was beziehungsweise welcher Entwurf wäre wirklich sinnerfüllt?

Jeder Einfall, jeder Gedanke ist willkommen, auch wenn er auf den ersten Blick vielleicht unpassend, paradox oder verrückt erscheinen mag. Manchmal entstehen Ideen, die im ersten Moment total abwegig erscheinen, dann aber kurze Zeit später – mit etwas Abstand oder aus anderem Blickwinkel betrachtet – plötzlich einen interessanten Weg aufzeigen und doch (zumindest in Teilen) bedenkenswert und realisierbar erscheinen. Bewerten oder urteilen Sie daher nicht. Sammeln Sie neugierig, was kommt, und trauen Sie sich, mit den Coachees einfach einmal Verschiedenes kreativ in unterschiedlichen Perspektiven zu beleuchten. Es weitet den gedanklichen Horizont enorm. Bestehendes kommt dabei spielerisch mit Neuem in Kontakt. Das weckt Lebenslust und Vorfreude und steigert die Motivation und Bereitschaft, sich tatsächlich verändern zu wollen.

Innere Bilder – Visionen – sind die Motoren der Transformation. Ohne sie bleibt das Leben im Bereich des Alltäglichen, Normalen, Bekannten. Erfahrungsgemäß sind starke Visionen notwendig, damit Menschen sich überhaupt weiterentwickeln, ihre Potenziale ausschöpfen und ihr Leben wesentlich verändern. Je größer die Sogwirkung ist, umso wahrscheinlicher ist, dass ein Lebensentwurf realisiert wird. Manchmal ist es sogar leichter, etwas gänzlich Neues zu initiieren, als Bestehendes minimal zu verändern.

Ängste und mangelndes Selbstvertrauen und Selbstbewusstsein können die Entwicklung verschiedener Entwürfe (Bilder) beeinträchtigen oder erschweren. Es kann beispielsweise passieren, dass Coachees sich zu visionären Fragen nur sehr vorsichtig äußern und sich gedanklich nicht trauen, bestimmte Grenzen zu überschreiten, zum Beispiel weil sie in ihren Vorstellungen nicht egoistisch, fordernd oder undankbar erscheinen möchten. Oder sie gehen gedanklich schon einen Schritt weiter und sehen hinter den Ideen bereits die Blockaden und Herausforderungen, mit denen sie möglicherweise in Berührung kommen werden. In diesen Fällen ist positiver Zuspruch und Bestärkung sehr wichtig.

TIPP

Erklären Sie, dass es erfahrungsgemäß sehr befreiend und vorteilhaft für das Coaching ist, wenn die Coachees sich für eine kurze Zeit einmal vollkommen unbefangen und vorbehaltlos über alle Sehnsüchte, Bedürfnisse und Ideen austauschen können. Wie in der vorherigen Phase geht es hier ebenfalls nicht darum, bereits passable Lösungen und Handlungsschritte für die Zukunft herauszuarbeiten. Gefragt wird »Was könnte entstehen?« und nicht »Was soll oder wird werden?«. Betonen Sie, dass nichts von all dem, was zur Sprache kommt, tatsächlich in der geäußerten Form Umsetzung finden muss. Welche Vorstellungen tatsächlich realisierbar sind, welche Ideen und Einfälle wieder verworfen oder zum Beispiel in die Fantasie oder auf spätere Zeit verschoben werden, soll erst im nächsten Schritt überlegt werden. Vermitteln Sie auch, dass alles, was auftaucht, willkommen ist, vertraulich behandelt wird und im geschützten Raum bei Ihnen und dem Coachee bleibt. Mut tut hier wirklich gut!

Intendiert ist eine (möglichst) angstfreie, kreative Auseinandersetzung mit möglichen Lebensentwürfen. Üben Sie dies mit den Coachees. Entwickeln Sie einen Blick für die Möglichkeiten. Die größten Visionen werden geboren, sobald sie für möglich gehalten werden.

WISSENSINSEL: PLASTIZITÄT DES LEBENSENTWURFS

Plastizität meint die Veränderbarkeit eines Lebensentwurfs. Damit wird der Grad an Veränderbarkeit beschrieben: unter Berücksichtigung der individuellen Ausgangssituation, der Ressourcen und des persönlichen Potenzials. Inwieweit ist ein Lebensentwurf veränderbar, wenn ein Mensch sämtliche Ressourcen und sein gesamtes Potenzial aktiviert? Welche Möglichkeiten entstehen beziehungsweise welche Grenzen bestehen? (Ausgangs-Kapazitätsreserve)

Die Plastizität kann zudem den Grad an Veränderbarkeit durch persönliche Entwicklungsprozesse, Interventionen oder erhöhte Ressourcen in der Lebensgestaltung umschreiben. Inwieweit ist ein Lebensentwurf veränderbar, zum Beispiel durch persönliche Weiterentwicklung, gezielte Interventionen oder erhöhte Ressourcen in der Lebensgestaltung? Welche Möglichkeiten beziehungsweise Grenzen in der Gestaltung bestehen? (Stichwort: Entwicklungs-Kapazitätsgrenze).

Sie können beides im Coaching thematisieren. Wie ist die Plastizität des eigenen Lebensentwurfs? Welches Potenzial ist vorhanden? Welche Entwicklungen sind bestenfalls denkbar und möglich? Wo liegen natürliche Grenzen? Wodurch ließe sich die Veränderbarkeit des Lebensentwurfs steigern? Durch welche Handlungen oder Maßnahmen könnten sich neue Gestaltungsräume eröffnen? Welches Potenzial ist vorhanden, aber bislang nicht erschlossen oder ungenutzt?

BEISPIEL

Ein Manager mit 70-Stunden-Woche lebt mit seiner Familie in einem großen Haus auf dem Land und pflegt einen luxuriösen Lebensstil. Zum Arbeiten pendelt er nach München. Freizeit ist für ihn im Grunde ein Fremdwort, denn auch diese ist oft verplant mit Business Networking und Socialising Events. Welches Leben wird er mit dieser Ausgangslage unmöglich führen können? Wohin könnte sich sein Leben jedoch entwickeln? Welche Veränderungen mit beachtlichen Auswirkungen wären darüber hinaus denkbar, zum Beispiel durch eine radikale berufliche Neupositionierung, reduzierte Lebenshaltungskosten oder eine geteilte Verantwortung in der Kindererziehung?

Wenn Sie mit den Coachees verschiedene Modelle, Szenarien und Vorhaben durchgespielt haben, prüfen Sie gemeinsam, welche geäußerten Ideen und Überlegungen in einem angemessen Verhältnis zum bisher Gelebten stehen und eine reelle Chance auf Erfüllung bieten. Der neue Lebensentwurf sollte in Anbetracht der persönlichen Potenziale und Ressourcen innerhalb einer aufgezeigten Zeitspanne durch persönliches Wachstum und gezielte Veränderungen in der Lebensumwelt und -gestaltung potenziell auf jeden Fall realisierbar sein beziehungsweise erscheinen.

Thematisieren Sie, wenn Sie persönlich den Eindruck haben, dass bestimmte Vorhaben Ihrer Einschätzung zufolge unter Umständen nur sehr unwahrscheinlich oder nur mit sehr hohem, zweifelhaftem Einsatz und Aufwand zu realisieren wären oder mit gewissen Gefahren (zum Beispiel Burnout) verbunden sind. Arbeiten Sie keinesfalls nach dem »Höher-schneller-weiter«-Prinzip und verabschieden Sie sich von der Illusion einer permanenten Höherentwicklung.

Suchen Sie mit Ihren Coachees nicht nach perfekten Lösungen oder Szenarien, die allen Begehren und Bedürfnissen vollständig Rechnung tragen und exorbitante Erfolge in allen Lebensbereichen prophezeien. Es gibt ihn nicht, den vollkommenen, alles in sich tragenden und aufnehmenden Entwurf, der ausnahmslos Vorteile und Fortschritte bringt und alles ermöglicht. Jeder Lebensentwurf birgt Gewinne und Verluste. Je nach »Design« fallen diese unterschiedlich aus und ändert sich ihr Verhältnis.

Erforschen Sie anhand der verschiedenen Ideen, in welcher Hinsicht sich Ihre Coachees persönlich weiterentwickeln, inwieweit sie Vorhandenes stabilisieren möchten – und wo Verluste akzeptiert beziehungsweise wie diese unter Umständen kompensiert werden können. Erörtern Sie, wie Zeit, Kraft und Energie jeweils investiert werden müssten.

Ganz grundsätzlich sollte der avisierte Lebensentwurf eine persönlich sinnvolle, in sich weitgehend schlüssige, positive Lebensvorstellung und Herausforderung sein. Er darf die Grenzen des individuell Vorstellbaren und Machbaren durchaus berühren und durchaus eine beachtliche Entwicklung mit anspruchsvollen Veränderungen voraussetzen, aber er darf niemals den Charakter eines realitätsfernes Fantasiegebildes bekommen und ins Utopische abdriften. Fokussieren Sie das realistisch Machbare, das persönlich Sinnvolle, wirklich Lebenswerte, erdenklich Beste.

Achtung, wichtig! Je nach Bedürfnis und Lebenssituation kann es sehr wirkungsvoll und heilsam sein, sich – zumindest temporär – auch einmal von jeder idealen Idee und Vorstellung zu lösen, wie das Leben in Zukunft verlaufen könnte oder sollte. Zeiten der Orientierungslosigkeit und des Nichtwissens, wie und wohin es gehen soll, sind natürlich und können von unschätzbar großem Wert für die persönliche Weiterentwicklung sein. Orientierungslosigkeit markiert oftmals den Raum zwischen dem Altem und dem Neuen, steht für einen Prozess der Umwandlung und des Übergangs. Wer nicht festgelegt ist, ist offen. Der darf sich erproben, verschiedene Richtungen einsehen, Dinge auf sich zukommen zu lassen. In einer Zeit, in der an Karriere, Familie, Altersvorsorge und Mindset akribisch gebastelt wird, kann visionäre Freiheit wie eine Kur wirken.

Im Lebensentwurf kann und darf es also durchaus Zeiten und Bereiche geben, die ohne klare Vorstellung oder Perspektive sind. Sich einfach einmal treiben zu lassen, sich neugierig umzusehen, eine Zeit lang mit Verschiedenem zu experimentieren und keine Absicht und keinen bestimmtem Weg zu verfolgen, kann und sollte meiner Meinung immer wieder Teil des Lebensentwurfs sein und in bestimmten Phasen der Entwicklung allen nötigen Raum bekommen. Orientierungslosigkeit kann den Prozess des Sich-neu-Erfindens erheblich bereichern und unterstützen. Doch damit dies gelingt, müssen die Coachees lernen, ihre Lebenszeit verstreichen zu lassen, ohne zu wissen, was in der Zukunft passieren wird. Sie müssen lernen, das Leben »ohne Ziel und Plan« zu genießen. Das gelingt am besten, wenn sie einen tieferen Sinn, eine heilende Wirkung, darin für sich erkennen.

Ermutigen Sie die Coachees, diese wertvolle Erfahrung zu sammeln. Klären Sie die Erwartungen, die die Coachees mit dieser Phase verknüpfen ebenso wie die Rahmenbedingungen. Ansonsten stellt sich eher das Gefühl ein, Zeit zu verschwenden und innerlich und äußerlich zu schwimmen. Die fehlende Zukunftsvision wird dann als Belastung und nicht als Zugewinn von Freiheit und Möglichkeiten empfunden.

UMSETZUNG: LIFE CLUSTER

SCHRITT 1: Bitten Sie die Coachees, sämtliche Ideen aufzulisten, die ihnen im Hinblick auf die Neu- oder Umgestaltung ihres eigenen Lebensentwurfs im Kopf umherschwirren. Dabei spielt es zunächst keine Rolle, inwieweit diese tatsächlich realisierbar sind und auf welche Lebensbereiche sie sich beziehen. Sie müssen keiner bestimmten Ordnung folgen, sondern können »querbeet« zu Papier gebracht werden.

- Welche Ideen zur Lebensgestaltung tragen Sie in sich?
- Was möchten Sie eventuell gern realisieren, tun, erleben?
- Gehen Sie alle Bereiche des Lebens durch:
- Was würden Sie eventuell gern tun oder verwirklichen?
- Welche Ideen oder Vorhaben gibt es schon länger?
- Welche Überlegungen sind ganz frisch?
- Was ist mit sehr kühnen, verrückten oder unausgegorenen Ideen?
- Welche Ideen oder möglichen Vorhaben schwirren noch im Kopf oder Herzen herum?

Achten Sie darauf, dass möglichst keine Idee leichtfertig abgetan wird, verloren geht oder zurückgehalten wird. Jede Idee sollte notiert werden, egal wie sonderbar, aufwendig, abwegig, nebensächlich, utopisch oder (un)bedeutend sie erscheint. Je länger die Liste der Ideen für die Lebensgestaltung wird, desto besser. Der erste Schritt für den Coachee ist also, den Kopf zu leeren und jede gedanklich Idee sichtbar zu machen.

Sie können die Coachees auch bitten, diesen Schritt selbstständig zu Hause zu erledigen. Erfahrungsgemäß kommt einiges an Ideen zusammen. Meist dauert es circa 30 bis 60 Minuten Zeit, bis alles verschriftlicht ist.

SCHRITT 2: Zerteilen Sie die Ideen mit der Schere, sodass Sie jede Menge Ideenschnipsel erhalten und jeder Schnipsel eine Idee repräsentiert. Verteilen Sie die Schnipsel anschließend mit etwas Abstand im gesamten Raum auf dem Boden.

SCHRITT 3: Betrachten Sie die Ideenfülle. Üblicherweise ist den Coachees überhaupt nicht bewusst, welches schöpferische Potenzial, welchen Reichtum und welches Spektrum an Ideen sie innerlich mit sich herumtragen. Indessen ist schnell nachzuvollziehen, dass es angesichts der bunten Ansammlung und Auswahl natürlich kein Leichtes ist, angesichts des Spektrums zu einem stimmigen Ganzen zu kommen und eine kohärente Handlungsmatrix zu entwerfen.

SCHRITT 4: Was in der Regel fehlt, ist eine höhere Ordnung, eine tiefsinnige Ahnung oder kreative Vorstellung, wie bestimmte Ideen oder Vorhaben zu einem neuen, sinnvollen Lebensentwurf integriert und im Sinne einer neuen Lebensganzheit verwirklicht werden können. Solange die verschiedenen Ideen gedanklich vage und unverbunden bleiben, erscheinen sie oft wenig kraftvoll und anziehend, teilweise sogar widersprüchlich und vollkommen abwegig, in gewisser Weise »sinnentleert«. Gelingt es jedoch einen emergenten Prozess auszulösen, bei dem die einzelnen Elemente und Ideen so zusammenfallen und -wirken, dass das Leben eine neue Qualität und Struktur ausbilden kann, entwickelt der Entwurf samt Ideen plötzlich eine magische Sogwirkung und Anziehungskraft. Suchen Sie daher nach interessanten Bezügen und Berührungspunkten:

- Welche Zusammenhänge sind erkennbar?
- Was wären interessante, originelle Verknüpfungen?
- Welche fruchtbaren Wechselwirkungen könnte es geben?
- Welche Schnipsel könnten eine sinnvolle Einheit bilden?
- Welche Neuverbindungen könnte es geben?
- Welche Aktionsfelder wären denkbar?
- Wie könnten Interessen oder Vorhaben clever kombiniert werden?
- Welches Cluster könnte eine starke Wirkung entfalten?
- Was könnte »Hand-in-Hand« realisiert werden?

Greifen Sie mit den Coachees jeden Ideenschnipsel auf und prüfen Sie, ob er sich anderen Schnipseln in irgendeiner Weise zuordnen lässt und ob hierdurch eine neue, sinnhafte Ordnung entsteht. Bewegen, sortieren, gruppieren, verbinden, erweitern ... ja spielen Sie wirklich mit den Ideen. Was tatsächlich nicht reinpasst, unrealisierbar scheint oder nicht ernsthaft in Betracht gezogen wird, wird beiseitegelegt und kann eventuell später einfließen. Fragen Sie nach Schnittstellen und Berührungspunkten, nach »Dächern« und »Überschriften«, und notieren Sie alle neuen Ideen, die aufkommen. Lassen Sie die Coachees im wahrsten Sinne des Wortes erfinderisch werden, wie Verschiedenes und scheinbar Widersprüchliches auf intelligente Art und Weise zusammengebracht und weiterentwickelt werden könnte. Wecken Sie Freude am Experimentellen und begrüßen Sie jeden Vorstoß, wie Fähigkeiten, Interessen, Vorhaben und Ressourcen gewinnbringend vereint werden könnten.

Durch die Unordnung und Neuorganisation der Ideen lichtet sich bei dieser Übung das Gedankenchaos der Coachees. Sie kontextualisieren ihre Ideen. Gleichzeitig findet eine kreative Auseinandersetzung mit Fragen und Herausforderungen statt. Das individuelle Potenzial wird sichtbar. Die Coachees gewinnen eine neue Vorstellung, erahnen und spüren, was perspektivisch vereinbar und dadurch potenziell möglich ist. Sie kommen spielerisch in Kontakt mit neuen Lebensentwürfen, entwickeln Prototypen und Handlungsstränge für ihre künftige Lebensgestaltung. Dies steigert die Motivation, in die gedachte Richtung zu gehen.

BEISPIEL AUS DER PRAXIS

Thaddeus ist hochintelligent und vielbegabt. Er ist Maschinenbauer in führender Position. Privat interessiert er sich für fernöstliche Kulturen, Philosophie, Spieleentwicklung. Er spricht koreanisch, griechisch, französisch und italienisch, spielt zwei Instrumente und verbringt seine freie Zeit in Reparaturcafés. Mit seinen drei Kindern ist er viel in der Natur, um aus Hölzern und anderen natürlichen Materialien kleine Bauwerke zu konstruieren. Als ihm aufgrund einer personellen Umstrukturierung gekündigt wird, bieten sich zwei Optionen: Entweder sucht er eine vergleichbare Anstellung oder er wagt etwas Neues. Doch wie kann er seine ganzen Ideen sinnvoll verbinden? Er möchte seine musikalischen und sprachlichen Kenntnisse weiterentwickeln, einmal ein eigenes oder mehrere Kreativspiele entwickeln, gemeinwohlorientiert arbeiten und etwas »Sinnvolles« aufziehen, das auch die Gesellschaft nachhaltig ein Stück weit verändert. Außerdem möchte er die Themen Hoch- und Vielbegabung integrieren. Beim Clustern entsteht die Idee, einen Hort mit anderen gemeinsam eine Schule für hochbegabte Kindern zu gründen. Dort könnte er seine Führungserfahrung und verschiedenen Fähigkeiten und Interessen in nützlicher Weise einbringen. Es entsteht ein ganzes Feuerwerk an Ideen: Er könnte Projektwochen veranstalten, in denen die Kinder programmieren lernen, ein eigenes kleines Reparaturcafé anbieten, eine Spielewerkstatt veranstalten, eine Schülerband gründen. Der Entwurf lässt ihn den Atem anhalten und zieht ihn sofort in den Bann.

Die folgende Übung »Life Puzzle« ist eine weitere Möglichkeit, um persönliche Lebenswünsche und -absichten anschaulich zusammenzutragen, auszudrücken und darzulegen. Das Life Puzzle fördert die Bereitschaft, Einblick in persönliche Überlegungen zu geben und weckt die Lust am eigenen Lebensentwurf zu »basteln«.

UMSETZUNG: LIFE PUZZLE

SCHRITT 1: Drucken Sie die Vorlage zum Life-Puzzle, die Sie bei den Online-Materialien finden, mit den Wortbausteinen aus und legen Sie eine Schere, Kleber, Papier und Stifte bereit.

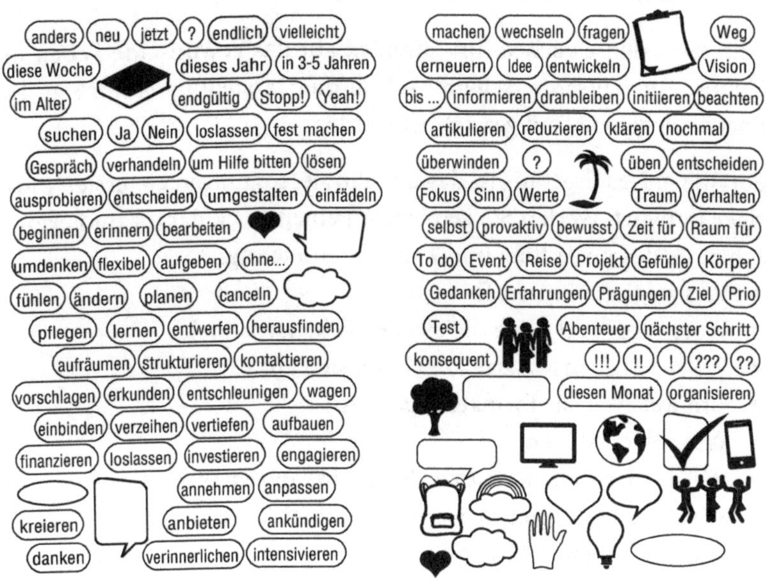

SCHRITT 2: Breiten Sie zu Beginn der Übung ein großes Blankopapier vor den Coachees aus und erläutern Sie die Übung. Bitten Sie sie für ein paar Minuten in sich zu gehen und sich zu fragen, in welcher Hinsicht sie ihre Lebensgestaltung verändern und sich selbst neu erfin-

den oder verwirklichen möchten: Wie soll das Leben aussehen, das sie selbst kreieren möchten? Was sind wichtige Elemente, Inhalte und auch Schritte dorthin? Welche Veränderungen oder Entwicklungen möchten Sie ein unterschiedlichen Lebensbereichen erwirken?

SCHRITT 3: Anschließend sollen die Coachees ihre Überlegungen, Vorstellungen und Ideen visualisieren. Dazu können sie die »Puzzleteile« aus der Vorlage zu Hilfe nehmen. Sie fördern die Kreativität, bieten gedankliche Anregung und helfen, persönliche Bestrebungen zum Ausdruck zu bringen. Passende Wörter oder Symbole können ausgeschnitten, auf das Papier gelegt, mit eigenen Gedanken kombiniert und weiter ausformuliert werden.

Alles, was den Coachees im Hinblick auf das gewünschte Leben in Zukunft bedeutsam erscheint, soll in die Darstellung einfließen. Es darf auch gemalt und gezeichnet werden.

SCHRITT 4: Das Ergebnis ist das Life Puzzle, sozusagen ein erster, mutiger Entwurf. Werfen Sie gemeinsam einen Blick darauf und erforschen sie dessen Aufbau und Zusammensetzung.

- Was zeigt der Entwurf?
- Worauf erstreckt sich die eigene »Lebensvision«?
- Welche »Lebensansätze« zeichnen sich ab?
- Um welche Transformation geht es?
- Was soll entstehen?
- Welche persönliche Entwicklung wird angestrebt?
- Welche Lebensbereiche werden berührt?
- Was sind wegweisende Aktivitäten?
- Was könnte oder müsste ausgebildet werden?
- Inwieweit ist der Entwurf ausbau- oder steigerungsfähig?
- Gibt es noch andere, denkbare Wege, Szenarien und Lösungen?

Sofern sich im Gespräch neue Erkenntnisse und Ideen ergeben, können diese noch in die Darstellung aufgenommen werden.

Das Life Puzzle repräsentiert einen möglichen Entwurf, ein denkbares Grundgerüst für das Leben in nächster Zeit. Es illustriert, wo die Coachees persönliche Potenziale, interessante Wege und Ansätze für sich sehen und wo Herausforderungen liegen. Dabei muss die Darstellung kein vollkommenes Bild abgeben. Häufig passt manches (noch) nicht zusammen oder ergibt (noch) kein vollständiges Bild, zum Beispiel weil noch Puzzleteile fehlen oder offene Fragen hinsichtlich der eigenen Verwirklichung bestehen und geklärt werden müssen. Das ist ganz »normal« und in Ordnung. Die Coachees müssen (und können) nicht alles gedanklich vorher bestimmen und vorwegnehmen.

Sie können diese Bereiche »markern«, zum Beispiel Fragezeichen platzieren oder offene Baustellen einzeichnen. Sie können diese Bereiche anschließend im Coaching weiter vertiefen oder sich auch einfach dazu entschließen, die Dinge reifen zu lassen. Sie können sich die Entwicklung in diesem Bereich auch bewusst offenhalten oder auf sich zukommen lassen.

In dieser Phase geht es darum, das persönliche Potenzial und die Fülle an Lebensmöglichkeiten zu erfassen und eine erste, selbstbestimmte Absicht zu treffen. Die Coachees entwickeln Vorstellungen von dem Leben, das sie sich wünschen und in Zukunft gern gestalten wollen, und verleihen diesen soweit als möglich Ausdruck.

Eine weitere Möglichkeit, die Coachees zu einer imaginären Reise durch ihr Leben einzuladen, wie sie es sich innerlich wünschen, erhoffen und vorstellen, ist die Übung »Inner Journey«. Dabei können sie anhand von inneren Bildern mit eigenen, bis dato vielleicht teilweise unbewussten Lebenswünschen, Ideen und Vorstellungen in Kontakt kommen und ihren Lebensentwurf intuitiv entwickeln beziehungsweise erschließen.

UMSETZUNG: INNER JOURNEY

Wichtig ist bei dieser Übung, dass die Coachees Ihnen vertrauen und kein Problem damit haben, in Ihrer Gegenwart die Augen zu schließen und sich gedanklich und körperlich in einen entspannten Zustand zu bringen. Am besten weisen Sie sie im Vorfeld explizit darauf hin.

SCHRITT 1: Laden Sie die Coachees ein zu einer inneren Reise, die ihnen helfen wird, herauszufinden, wie sie gern leben möchten. Bitten Sie die Coachees, eine entspannte Position für sich zu finden, in der sie länger verbleiben könnten. Sie können sich zum Beispiel auf dem Stuhl bequem zurücklehnen, eine ihnen vertraute Meditationspose einnehmen oder sich mit dem Rücken flach auf den Boden hinlegen und ausstrecken. Dann sollen die Coachees die Augen schließen und ihre Gesichtszüge und Muskulatur entspannen, während sie ein paar tiefe Atemzüge nehmen. Lassen Sie die Coachees innerlich ganz zu sich kommen, indem sie den Raum und die Welt um sie herum für eine Weile zurücktreten lassen und ihren Blick imaginär nach innen richten.

SCHRITT 2: Dann sprechen Sie mit ruhiger Stimme: »Ich danke Ihnen für Ihr Vertrauen und die Bereitschaft, sich auf diese Übung einzulassen. Sie werden nun einige Fragen hören. Nach ungefähr 15 bis 20 Sekunden werde ich stets zur nächsten Frage übergehen. Und ganz am Ende werde ich Ihnen ein Zeichen geben, wenn Sie die Augen wieder öffnen sollen. Ihre Aufgabe ist nun, die Fragen auf sich wirken zu lassen und still wahrzunehmen, welche inneren Bilder oder Einfälle in Ihnen dazu auftauchen. Atmen Sie noch einmal tief durch – und dann geht es los …«

SCHRITT 3: Lesen Sie nun den Text mit den Fragen vor, der ganz zu Beginn des Buches als Intro auf Seite 7 f. eingefügt ist. (Diesen Text finden Sie ebenfalls bei den Online-Materialien.) Dabei gehen Sie Frage für Frage vor, mit ausreichend Pausen dazwischen.

SCHRITT 4: Wenn Sie alle Fragen vorgelesen haben, erklären Sie den Coachees, dass sie noch ein bis zwei Minuten Zeit haben, um innere Bilder vor dem geistigen Auge zu betrachten und vorbeiziehen zu lassen. Danach bitten Sie sie, mit der Aufmerksamkeit langsam wieder in den Raum zurückzukehren.

SCHRITT 5: Was haben die Coachees wahrgenommen? Welches Leben wünschen sie sich? Was hat sie besonders fasziniert, beeindruckt oder bewegt? Bitten Sie sie, die wichtigsten Eindrücke und Erkenntnisse auf dem Whiteboard, dem Flipchart oder auf einem großen Blatt Papier visuell darzustellen.

- Was enthält ihr Lebensentwurf?
- Was sind bedeutende Elemente und Eigenschaften?
- Tauschen Sie sich über das Erlebte aus und entwickeln Sie eine Vision für die Zukunft.

SCHRITT 6: Fragen Sie anschließend:

- Wie wäre es, dieses Leben zu leben?
- Würden Sie dieses Leben gern leben?
- Können Sie sich vorstellen, Ihre Lebenskraft und Ihren Fokus entschlossen auf die Verwirklichung dieses Entwurfs zu richten?
- Denken Sie, dieses Leben ist es wert, die damit verbundenen Entwicklungen und Herausforderungen auf sich zu nehmen?

Diese Übung ist sehr kraftvoll, wenn es darum geht, die individuellen Sehnsüchte und Bedürfnisse hinsichtlich der eigenen Entwicklung und Lebensgestaltung herauszuarbeiten. Sie erlaubt den Coachees, sich ihr Leben neu auszumalen und imaginär in dieses einzutauchen. Dabei können sie erfahren, wie es sich anfühlen würde, dieses Leben wirklich zu leben. Sie sehen sich selbst »beim Leben« zu. Diese Erfahrung erhöht die Bereitschaft, den Lebenswandel wie besehen herbeizuführen.

Phase 4: Entscheiden

In dieser Phase wird eine Entscheidung über die persönlich beabsichtigte, zukünftige Entwicklung und Lebensweise getroffen. Die Coachees entschließen sich für einen Lebensentwurf und übernehmen die Verantwortung für ihre Lebensführung. Sie bestimmen, wer sie in Zukunft sein, wie sie leben möchten und welche Transformation sie dazu eigenmächtig einleiten werden.

Die Coachees werden nun zum (pro)aktiven Gestalter ihres Lebens und ihrer Zukunft. Sie wählen, mittels welcher Aktivitäten sie sich in der nächsten Zeit verwirklichen, persönlich wachsen und ihr Leben gestalten wollen. Diese Entscheidung wird selbstverantwortlich und selbstbestimmt getroffen.

- Welcher Entwurf hat das größte Potenzial, mich glücklich zu machen?
- Welcher Entwurf verhilft mir dazu, freudvoll zu leben?
- Wie will ich in Zukunft nun tatsächlich leben?
- Was für ein Leben will ich konkret gestalten?
- Worauf werde ich meine Lebenszeit, meine Energie und Aufmerksamkeit richten?
- Was will ich erschaffen, gestalten?
- Was will ich erleben und erfahren?
- Wie will ich mich selbst verwirklichen?
- Wo will ich wachsen?
- Welche Entwicklung(en) strebe ich an?
- Welchen Grad an Veränderung will ich?
- Was folgt daraus praktisch, ganz konkret?
- Wie sieht mein Lebensentwurf aus?
- Was sind wichtige Bausteine?
- Welche Lebensentscheidungen treffe ich?
- Welche klare Vision setze ich für mich?
- Welche Entwicklungen sind damit verbunden?

- Worauf richte ich meinen Fokus?
- Was lasse ich los?

In der Phase der Entscheidung laufen viele kognitive Prozesse und Betrachtungen ab. Dennoch wird die Entscheidung schlussendlich intuitiv gefällt. Das heißt, die Coachees folgen ihrem »inneren Bild«, ihrer inneren Wahrheit und Eingebung, die ihnen vermittelt, welche Art zu leben aktuell für Sie stimmig ist. In diesem Zusammenhang werden häufig synonym die Begriffe innere Stimme und innerer Kompass verwendet. Dahinter steht die Annahme, dass Menschen gefühlsmäßig, sozusagen unbewusst und instinktiv, erfassen können, welcher Lebensentwurf ihr persönliches Potenzial im besten Sinne freisetzt. Anders gesagt bedeutet dies, dass Menschen eine unmittelbare, erste, vielsagende Ahnung davon haben, was sie im Hinblick auf ihre zukünftige Entwicklung und Lebensgestaltung unternehmen beziehungsweise unterlassen sollten, auch ohne lange und im Detail verschiedene Optionen in erschöpfender Weise in Betracht gezogen und bedacht zu haben. Daher wird, wenn es um weitreichende Veränderungen und wegweisende Entscheidungen geht, die gedanklich nicht vorweggenommen oder übersehen werden können, oft von selbst auf die eigene Intuition zurückgegriffen.

TIPP

Manche Coachees haben Mühe ihrer Intuition zu vertrauen. Das kann unterschiedliche Gründe haben. Es kann schwerfallen, sich eine bestimmte Wahrheit einzugestehen, zum Beispiel dass man eine Liebesbeziehung endlich beenden, den Lebensmittelpunkt verlegen oder einen neuen Berufsweg einschlagen sollte. Oder es gibt bessere Optionen, die zwar versprechen, einen bedeutenden, positiven Einfluss auf das eigene Leben zu haben, aber mit unangenehmen Aufgaben verbunden sind und schon vor dem Moment der Entscheidung Unsicherheiten und Ängste wecken, wie zum Beispiel mit einer Geschäftsidee sichtbar zu werden, eine Rolle als Führungsperson auszufüllen, in der Beziehung Verletzlichkeit zu zeigen. Gewichtige Entscheidungen beinhalten oftmals die ernsthafte Zurückweisung und Ablehnung anderer Optionen und Alternativen, zum Beispiel das Aufgeben von Karrierechancen, der Verzicht auf andere Lebensformen, wovor viele innerlich zurückschrecken. Häufig sind es die befürchteten – meist zwischenmenschlichen – Auswirkungen einer Entscheidung, die dafür sorgen, dass die eigene Intuition in Zweifel gezogen oder übergangen wird. Die Angst zu enttäuschen, zu missfallen, zu scheitern oder nicht verstanden zu werden, ist bei manchen Menschen sehr ausgeprägt. Sie hält diese oftmals davon ab, das eigene Leben konsequent neu auszurichten. Doch das muss nicht so bleiben. Ermutigen Sie die Coachees, sich selbst zu vertrauen, dass sie die für sie richtigen Lebensentscheidungen treffen können, sodass sie ihre Scheu ablegen, voll und ganz für sich einzustehen. Jeder Mensch hat ein Leben und das Recht, es nach eigenen Vorstellungen zu gestalten. Die Coachees haben dazu nun eine wunderbare Möglichkeit. Gleichzeitig haben Sie die Chance, sich Unangenehmem endlich zu stellen und Ängste ein für alle Mal zu überwinden.

Das Bemerkenswerte hierbei ist: Die Coachees entscheiden sich für ein Leben, das in der Wirklichkeit noch nicht existent und nicht greifbar ist. Sie entscheiden sich für eine Zukunft, von der sie annehmen, dass sie sie gestalten können, und bringen sich und ihren schöpferischen Fähigkeiten in diesem Moment großes Vertrauen entgegen. Sie glauben daran, dass sie persönlich wachsen und in dieser Welt etwas Größeres erschaffen und gestalten können. Sie formulieren ein Ja zu dem aus ihrer gegenwärtigen Sicht besterdenklichen Leben, zu ihren Lebensabsichten und Überzeugungen, ohne den genauen Fluss des Lebens zu kennen. Die Coachees stricken ein unverwechselbares Glücksmodell: Sie wählen das Leben, das sie gern führen möchten …

Diese Entscheidung bringt Sicherheit und Orientierung, der Lebensentwurf wird zum Kompass für zukünftige Unternehmungen und Aktivitäten. Dies ist immens wichtig, weil hieraus letztlich die Kraft erwächst, angesichts der Herausforderungen und Risiken selbstbestimmt und proaktiv in diese Richtung zu gehen. Es geht um Vertrauensvolles, eifriges Sich-Einlassen.

Als Coach begleiten und stützen Sie diesen Prozess, zum Beispiel indem Sie bei der Entscheidungsfindung Zutrauen in die Vorhaben und Fähigkeiten der Coachees zeigen und indem Sie helfen zentrale Erkenntnisse und Beschlüsse präzise und treffend zu formulieren. Sie verhelfen dazu, dass die Coachees sich selbst gegenüber in dieser Phase »wirklich« verbindlich werden und eine klare Vision setzen, wie sie leben möchten. Dazu gehört auch, Nein zu sagen zu anderen Lebensentwürfen, Möglichkeiten und Zielen.

Zusätzlich haben Sie eine »prüfende« Funktion: Sie achten darauf, dass der Lebensentwurf in sich stimmig wirkt und nicht spaltet, also erlaubt, Aktivitäten, Vorhaben oder Lebensbereiche in vernünftiger und praktikabler Weise zusammenzubringen und zu realisieren. Der Lebensentwurf sollte eine integrierende Funktion haben und eine konsistente Lebensführung ermöglichen.

Ganz wichtig: Dokumentieren Sie den gewählten Lebensentwurf und notieren Sie die zentralen Beschlüsse!

Die Coachees sind dabei frei in der Darstellung: Skizze, Mindmap, Liste, Collage, Vision Board, Road Map, bunter Mix aus Bildern, Stichworten, Symbolen … Wichtig ist, dass das »innere Bild«, der Entwurf zum Leben, in irgendeiner Form visualisiert wird und dass alle Neuerungen, Veränderungen und Entwicklungen zu einem großen Ganzen zusammengebracht und sichtbar festgehalten werden.

Ich verwende am liebsten ein sehr großes, weißes Blatt oder (digitales) Whiteboard, auf dem die Coachees ihren Lebensentwurf im Wesentlichen umreißen und wichtige Aspekte festhalten können (wie auf der Collage auf der nächsten Seite zu sehen ist).

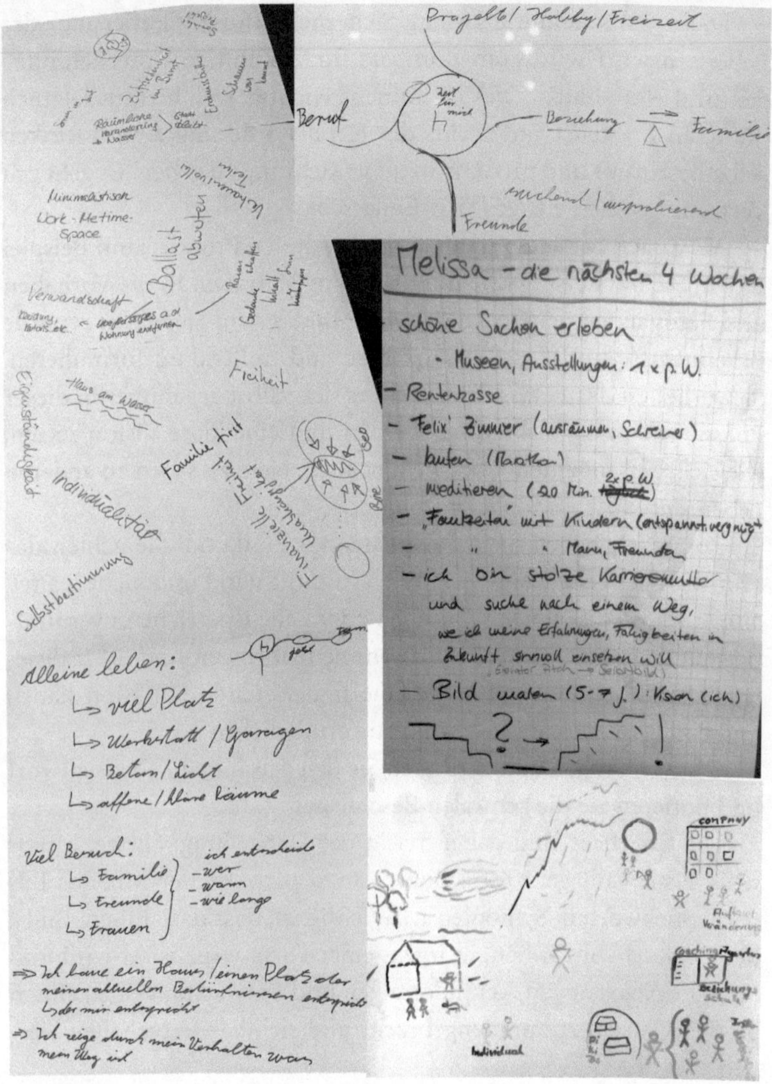
Beruf
Familie
Freunde
Freiheit
Ballast abwerfen
Familie first
Individualität
Selbstbestimmung
Eigenständigkeit
Minimalistisch
Verwandschaft
Haus am Wasser
Alleine leben:
↳ viel Platz
↳ Werkstatt / Garagen
↳ Balkon / Licht
↳ offene / klare Räume
Viel Besuch:
↳ Familie
↳ Freunde
↳ Frauen
ich entscheide
- wer
- wann
- wie lange
⇒ Ich baue ein Haus / einen Platz oder meinen aktuellen Bedürfnissen entspricht
↳ der mir entspricht
⇒ Ich zeige durch mein Verhalten was mein Weg ist
Zeit für mich
Beziehung
Familie
Freunde
Melissa - die nächsten 4 Wochen
- schöne Sachen erleben
• Museen, Ausstellungen: 1 × p. W.
- Rentenkasse
- Felix' Zimmer (ausräumen, Schreiber)
- meditieren
- „Faulzeiten" mit Kindern (entspannt, vergnügt)
- " " Mann, Freunden
- ich bin stolze Karrieremutter und suche nach einem Weg, wie ich meine Erfahrungen, Fähigkeiten in Zukunft sinnvoll einsetzen will
- Bild malen (5-7 J.): Vision (ich)
COMPANY
Individual

In dieser Phase bekommt der Lebensentwurf also ein Gesicht. Er wird präsent in dieser Welt und besitzt Aussagekraft. Anschließend werfen Sie gemeinsam einen Blick darauf:

- Ist die Darstellung aussagekräftig?
- Ist sie klar und verständlich, im Großen und Ganzen stimmig und überzeugend?
- Ist alles Wichtige da? Was fehlt eventuell noch?
- Welche Lebensbereiche werden berührt?
- Worum geht es im Wesentlichen?
- Wo benötigt möglicherweise noch eine Überarbeitung oder Ergänzungen?
- Was sollte vielleicht noch hinzugefügt, anders formuliert oder ergänzt werden?
- Was wird bewusst offengelassen oder mit Fragezeichen versehen?
- Wie zufrieden ist der Coachee mit dem Entwurf?
- Wie fühlt er sich damit?

TIPP

Manchmal verwenden Coachees negative Formulierungen oder Verneinungen, um angestrebte Veränderungen festzuhalten. Ich empfehle, diese in positive Beschreibungen zu verwandeln. Es ist zwar wichtig, dass die Coachees wissen, was sie in Zukunft unterlassen und nicht mehr tun wollen. Noch wichtiger und erfahrungsgemäß hilfreicher ist jedoch, dass die Coachees benennen können, was sie in Zukunft (stattdessen) explizit tun oder erleben möchten. Der Vorteil ist, dass sie ihre Aufmerksamkeit dann auch direkt darauf richten können. Negative Formulierungen bewirken eher wie eine Fixierung des Ungewollten.

Formulieren Sie daher um:

- aus: keine Schulden mehr → wird: Kontostand im Plus halten, bewusste Kaufentscheidungen treffen

- aus: Kinder nicht mehr anschreien → wird: achtsame Kommunikation mit den Kindern, Gefühle regulieren lernen
- aus: keine Überstunden mehr → wird: maximal 40 Arbeitsstunden pro Woche, danach Me Time und Familienzeit

Steht der Entwurf? Dann würdigen Sie diesen Moment und beglückwünschen Sie die Coachees. Sie haben intensive Arbeit geleistet. Wenn Sie das Bedürfnis haben, legen Sie einen feierlichen Moment und vielleicht auch eine kleine Verschnaufpause ein.

Ich empfehle Ihnen, die Darstellung zu fotografieren oder mit anderen Mitteln festzuhalten. Sie haben dann die Möglichkeit, jederzeit darauf zurückzugreifen und weiter damit zu arbeiten. Sie beugen so auch Missverständnissen und Unsicherheiten vor, wenn der Coachee sich zum Beispiel fragt: »Wollte ich das wirklich?« Klären Sie, auf welche Lebensphase(n) sich der Entwurf bezieht und über welchen Zeitraum er sich voraussichtlich erstreckt.

Vergegenwärtigen Sie anschließend nochmals den Sinn und Zweck des Lebensentwurfs und machen Sie die Unterschiede zur Lebensplanung nochmals bewusst:

- Das Erarbeitete ist kein Plan für das Leben, sondern es ist ein Entwurf, um zu leben.
- Der Lebensentwurf ist prototypisch und fördert die kreative, selbstbestimmte, sinn- und wertorientierte Lebensgestaltung. (Er kann sie nicht garantieren.)
- Er ist kein zu erzielendes »Endprodukt«, sondern Orientierungshilfe und Wegweiser für die Zukunft.
- Der Lebensentwurf ist lebendig, wandlungsfähig und unterliegt äußeren Einflüssen. Er wird beständig erprobt, angepasst, weiterentwickelt und erneuert, wenn die Umstände es erfordern.
- Der Lebensentwurf muss nicht »vollkommen« sein. Es darf unklare Bereiche, offene Fragen und Unstimmigkeiten geben. Das Leben kann nicht vorherbestimmt werden.

Ich möchte noch einmal das Bild eines Hausbaus heranziehen, um das zu verdeutlichen. Es fällt eine Entscheidung für einen bestimmten Entwurf. Dieser Entwurf »lebt«. Das heißt, er wird weiterentwickelt und angepasst, wann immer es notwendig und sinnvoll erscheint. Jede gute Idee wird »verbaut«. Trotzdem ist der Entwurf in seinen Grundfesten stabil. Im Bauprozess gibt es neue Erkenntnisse und Überraschungen ... Manches erweist sich als wenig praktikabel oder entwickelt sich zu einer riesigen Herausforderung ... Anderes gelingt viel leichter und wird schöner als gedacht. Über manches wird erst später entschieden. Trotzdem gibt es schon erste Vorstellungen bezüglich der Materialien, Formen, Farben und Größen. Im Garten soll zum Beispiel ein Holzschuppen gebaut werden. Doch als ein Nachbar mit einer Ladung übriggebliebener Klinker um die Ecke biegt, wird kurzerhand ein kleines Steinhaus gebaut und aus dem Holz ein Baumhaus für die Kinder in der Straße geschreinert. Während des Baus kommen weitere Ideen auf und so weiter.

Der Entwurf ist also eine Art Rohentwurf, ein toller Prototyp, der Freude und Lust am Leben weckt. Das intuitiv Gewünschte, Lebenswerte wird skizziert und zugleich flexibel und intelligent mit äußeren Einflüssen und Unvorhersehbarem interagiert. Der Entwurf beschreibt die vom augenblicklichen Standpunkt aus verfügbaren, erkennbaren und erdenklich besten Möglichkeiten und Wege, das eigene Leben gelingend zu gestalten, jedoch ohne dogmatisch und steif daran festzuhalten. Primär wichtig ist nicht, dass der Entwurf im Folgenden exakt in dieser Form umgesetzt wird, sondern dass durch den Entwurf eine dahingehende Transformation eingeleitet wird. Es geht nicht um sture Durchsetzung, sondern um sinnhafte Verwirklichung. Der Lebensentwurf beschreibt die wesentliche Grundgestalt und gibt einen ersten Vorgeschmack von der lebenswerten Essenz.

Alleinig maßgeblich ist, dass der Lebensentwurf zum Leben, zur Lebensfreude und zum persönlichen Wachstum verhilft. Er ist ein Orientierung bietendes, wegweisendes Sinnbild für die persönliche Ausrichtung und Lebensgestaltung.

In der Entscheidungsphase schwanken die Coachees häufig zwischen verschiedenen Optionen hin und her. Sie haben beispielsweise mehrere Ideen für eine Selbstständigkeit oder unterschiedliche Arbeitszeitmodelle im Kopf. Oder sie können sich mehrere Orte vorstellen, wo sie ihren Lebensmittelpunkt aufschlagen wollen. Sie hadern mit Werten, Lebensstilen, Wohnformen, Beziehungs- und Finanzierungsmodellen. Oder sie sind unentschlossen, wie viel Freiräume sie sich selbst einräumen wollen, zum Beispiel um Neues zu erproben, bestimmte Karriereschritte zu gehen, die Kinder zu betreuen, Gewohnheiten aufzugeben, Projekte zu realisieren und so weiter.

Die Coachees switchen dann gedanklich immer wieder und teilweise sehr schnell zwischen diesen Optionen hin und her. Sie beschäftigen sich ansatzweise mit Vor- und Nachteilen, mutmaßen über potenzielle Folgen und schaffen es doch nicht, sich überzeugt für einen Weg zu entscheiden. Kopf und Herz sind verwirrt, die Coachees sitzen in der »Lebensentwurfs-Zwickmühle« fest, oder etwas positiver ausgedrückt: im Dilemma der Möglichkeiten. Derartige Situationen entstehen immer wieder. Daher habe ich genau dafür ein Tool entwickelt, das Coachees hilft, eine selbstsichere, überzeugte Entscheidung in eine Richtung zu treffen.

UMSETZUNG: AUF ALLEN STÜHLEN SITZEN

SCHRITT 1: Bitten Sie die Coachees, zunächst jedes mögliche Szenario auf einem Papier zu notieren. Zum Beispiel kann da stehen:

- Szenario 1: Arbeiten in Vollzeit – keine Selbstständigkeit
- Szenario 2: Teilzeitarbeit 20 Stunden pro Woche – nebenbei Aufbau der Selbstständigkeit
- Szenario 3: Teilzeitarbeit 30 Stunden pro Woche – nebenbei Aufbau der Selbstständigkeit
- Szenario 4: Kündigung und Vollselbstständigkeit

Es soll tatsächlich jedes(!) Szenario notiert werden, das von den Coachees – und sei es auch nur oberflächlich - schon in irgendeiner Form in Betracht gezogen wurde. Auch Unwahrscheinliches, mit Zweifeln Besetztes oder vermutlich eher wenig Praktikables darf aufgeschrieben und möglichst ohne Wertung notiert werden. Gibt es weitere Optionen oder Ideen, die bisher nicht berücksichtigt wurden? Taucht gedanklich noch ein weiteres Szenario auf? Schreiben Sie es ebenfalls auf ein Blatt.

SCHRITT 2: Als Nächstes fragen Sie die Coachees, was jedes einzelne, notierte Szenario in der Praxis konkret bedeuten würde.

- Was würde dieses Szenario für Ihre Lebensgestaltung bedeuten?
- Was würde sich ändern?
- Worauf läge die Priorität?
- In welche Richtung würde sich Ihr Leben hier entwickeln?
- Was wäre die Herausforderung?
- Was wäre der persönliche Gewinn?
- Welche Opfer oder Verluste wären unter Umständen in Kauf zu nehmen?

Jedes Szenario wird nach und nach in den Blick genommen und unter diesen Gesichtspunkten besprochen. Parallel dazu werden die wichtigsten Erkenntnisse stichwortartig notiert. Vorteile können mit Pluszeichen, Nachteile mit Minuszeichen übersichtlich versehen werden. Zum Beispiel:

SZENARIO 1:

\+ guter Verdienst
\+ mehr Geld für Urlaub, alltägliche Ausgaben
\+ zeitnahe Beförderung
\+ gedanklich und im Team »voll drin«
– Selbstständigkeit muss warten
– wenig Freizeit
– Kinder lange in der Mittagsbetreuung
Herausforderung: Zufriedenheit im Job? Familiäre Belastung?

SZENARIO 2:

+ viel Zeit zum Aufbau der Selbstständigkeit
+ mehr Zeit für Sport, Kinder, Freunde …
– Aufstiegschancen in der Firma
– Akzeptanz im Team
– geringer Verdienst (am Anfang)

Herausforderung: zeitliche Abgrenzung; Gefahr, zu viel zu arbeiten; Einkommensfluss aus Selbstständigkeit

SZENARIO 3:

+ geringe Arbeitsumstellung (Team /Aufstiegschancen)
+ finanzielle Grundsicherung
– nicht so viel Zeit für Selbstständigkeit
– Sporttag fällt weg

Herausforderung: zeitliche Abgrenzung, Aufbau der Selbstständigkeit

SZENARIO 4:

+ Fokus auf Selbstständigkeit
+ selbstbestimmtes Arbeiten
+ freie Zeiteinteilung
– keine finanzielle Sicherheit
– selbst krankenversichern
– hoher Druck

Herausforderung: erfolgreicher Sprung in die Selbstständigkeit

SCHRITT 3: Anschließend werden die Blätter einzeln im Raum ausgelegt und hinter jedes Blatt (Szenario) wird ein Stuhl gestellt. Wenn es nicht genügend Stühle gibt, kann einfach auf dem Boden gearbeitet werden. Zusätzlich benötigen Sie als Coach ein paar Bögen leere Papier, um Notizen anzufertigen.

Dann bitten Sie die Coachees, nacheinander auf jedem der Stühle Platz zu nehmen. Die gewählte Reihenfolge spielt keine Rolle. Dann sollen die Coachees ihre Augen schließen und zu jedem Entwurf einmal tiefer und in Ruhe nachspüren. Sie können sie dabei begleiten und sagen: »Stellen Sie sich innerlich einmal ganz auf dieses Szenario ein:

- Wie geht es Ihnen damit?
- Wie empfinden Sie diesen Weg?
- Welche Gedanken und Gefühle tauchen auf?
- Was bemerken Sie körperlich?
- Was ist der stärkste Eindruck?
- Welche Erkenntnis oder Empfindung intensivieren sich?«

Sie notieren die wichtigsten Aussagen der Coachees und auch ihre persönliche Wahrnehmung in der Situation. Sie können sich dabei auf folgende Eindrücke beziehen: Gesichtsausdruck, Mimik, Körperhaltung und -spannung, Verhalten, Bewegungen, Stimme, Ton, Sprechweise, spontane Kommentare, Bemerkungen oder Äußerungen, Gesamtwirkung, Ausstrahlung.

ZUM BEISPIEL:

Szenario 1: »Puh! Mein erster Gedanke ist ›Nein, das will ich nicht, das tut mir nicht gut.‹« (Der Coachee spricht schnell, rutscht auf dem Stuhl hin und her.)

»Das bringt mich weg völlig weg von dem, was ich leben will.« (Verärgerung in der Stimme? Kurze Erhebung vom Stuhl)

Szenario 2: »Das fühlt sich eigentlich ganz gut an.« (Körperhaltung entspannt sich.)

»Ich würde weiterhin etwas Geld verdienen, hätte aber gleichzeitig den Druck, die Selbstständigkeit voranzubringen.« (Coachee wirkt etwas nachdenklich, wippt mit den Füßen.)

»Ich müsste aber diszipliniert die 20 Stunden einhalten, müsste lernen, wirklich einen Punkt zu machen.« (Pause, Coachee grinst)

»Das wollte ich sowieso lernen. Mich selbst wichtiger nehmen. Das wäre eine Herausforderung.« (Arme lockern sich, tiefes Atmen, gerader Blick nach vorn) »Okay.«

SCHRITT 4: Tauschen Sie sich anschließend über die Übung aus. Teilen Sie auch mit, was Sie beobachtet haben.

- Was haben die Coachees wahrgenommen und erfahren?
- Was hat sich gezeigt oder ist deutlich geworden?
- Was war bisher nicht so bewusst?
- Kann nun eine überzeugte Entscheidung getroffen werden?
- Sind noch neue Ideen, Ansätze, Lösungen aufgetaucht, die integriert werden sollten?
- Ist unter Umständen eine Zwischenlösung sinnvoller?

Um einen sanften Übergang zu schaffen und erst allmählich in einen neuen Lebensentwurf hineinzuwachsen, kann kurz- oder mittelfristig ein anderes Szenario verfolgt werden als langfristig. Die Coachees entschließen sich dann nicht für ein einzelnes Szenario, sondern wählen zwei, die sie etappenweise realisieren möchten.

Die Übung hilft den Coachees, Angedachtes einmal in der Breite und in der Tiefe vollständig zu durchdenken. Dabei bekommen sie Gedanken, Gefühle und körperlichen Reaktionen gespiegelt. Sie erlangen einen zuverlässigen und differenzierten Gesamtüberblick, welches eine bewusste Entscheidung erleichtert und fördert. Gedankliches hin und her springen wird verhindert.

Die nächste Übung ist eine einfache, aber sehr wirksame Methode, wenn Coachees grundsätzlich Schwierigkeiten oder Angst davor haben, sich in der Lebensgestaltung festzulegen und wegweisende Entscheidungen in Richtung eines bestimmten Lebensentwurfs zu treffen. Auch einer beständigen Unsicherheit oder wiederkehrenden Zweifeln in Bezug auf einen bestimmten Lebensentwurf kann damit wirkungsvoll begegnet werden.

UMSETZUNG: ALL IN!

Dazu treffen Sie eine Vereinbarung mit den Coachees. Die Coachees entscheiden sich, probeweise(!) für einen ganz bestimmten Lebensentwurf und nehmen diesen innerlich für ein paar Tage mit. Sie sollen voll und ganz für einige Tage in der Vorstellung leben, als sei diese Entscheidung bereits verbindlich gefallen und unwiderruflich getroffen. Sie stellen sich beispielsweise darauf ein, wirklich im nächsten Jahr mit dem Partner nach London umzuziehen, eine neue Wohnung und Anstellung zu suchen, neue Menschen kennenzulernen, die Entscheidung den Eltern zu übermitteln, einen Sprachkurs zu buchen, Gespartes anzugreifen und so weiter. Oder sie stellen sich vor, eine Beziehung zu beenden, eine lange Reise zu machen, einen Untermieter für die eigene Wohnung zu suchen und als digitaler Nomade für ein paar Jahre im Ausland zu leben, den Koffer zu packen, in den Flieger zu steigen … Sie visualisieren vor dem inneren Auge, wie sie die ersten Schritte machen und die anfänglichen Vorkehrungen treffen. Parallel dazu beobachten sie sich selbst.

- Wie geht es den Coachees damit?
- Welche Gedanken oder Gefühle regen sich?
- Wie schlafen, was träumen die Coachees?
- Wie fühlt sich die Entscheidung anfangs an?
- Wie verhält es sich nach ein paar Tagen?
- Was festigt oder zerstreut sich? Was reift innerlich?
- Was folgt aus den Beobachtungen?
- Welche Schlussfolgerungen ergeben sich für die Lebensgestaltung?

Wichtig ist bei dieser Übung tatsächlich das Prinzip »All in«. Die Coachees konfrontieren sich, soweit es geht, imaginativ mit dem Lebensentwurf. Sie überspringen die Entscheidung als solche und die damit verbundenen Ängste, Unsicherheiten und die Zweifel. Sie bewegen sich gedanklich und gefühlsmäßig schon in der nächsten

Phase. Sie tauchen ein in das, was auf sie zukommen wird. Sie antizipieren, wie sie sich beim Meistern verschiedener Herausforderungen fühlen werden, ermitteln – soweit es eben geht – schon im Voraus, ob sich die Anstrengungen lohnen, ob Gefühle von Freude, Erfüllung und Glück aufkommen.

Anschließend werten Sie und Ihre Coachees gemeinsam aus, zu welchen Einsichten und Erkenntnissen die Übung geführt hat.

Möglicherweise stellt sich heraus, dass die Ängste und Zweifel unverhältnismäßig sind, und es entwickelt sich ein Gefühl von Selbstvertrauen und Selbstsicherheit. Oder aber das ungute Gefühl wächst, und es verstärkt sich in manchen Punkten der Eindruck, dass in dieser Form tatsächlich etwas nicht stimmig ist und einer Abwandlung oder anderen Vorgehensweise und Perspektive bedarf. Die Übung fördert also die subjektive Entscheidungsfähigkeit.

Mit der nächsten Übung können Coachees sich über einen inneren Konflikt, eine zentrale Frage oder ein bedeutsames Thema bewusst werden, ihre Gefühle ordnen, Ressourcen aufspüren und einen denkbaren Weg für die künftige Lebensgestaltung entwickeln.

UMSETZUNG: SPONTAN GEMALTE BILDERREIHE

SCHRITT 1: Bitten Sie die Coachees, eine entspannte Haltung einzunehmen, die Augen zu schließen und den neuen Lebensentwurf für eine Weile ganz in sich aufzunehmen. Die Coachees sollen schauen, ob vor ihrem inneren Auge ein Bild dazu auftaucht. Es kann ein erfreuliches oder beunruhigendes Bild sein, ein sehr klares oder unscharfes Bild, ein Ausschnitt aus dem Alltag, eine kürzlich erlebte Situation, ein Traum oder eine Szene aus einem Film. Die Coachees sollen sich einfach für das, was kommt, öffnen und dieses Bild als Initialbild mit Wasserfarbe auf ein DIN-A3-Papier malen.

SCHRITT 2: Wenn sie fertig sind, werfen sie gemeinsam einen Blick darauf und laden die Coachees ein zu erzählen. Sie als Coach interpretieren das Bild keinesfalls, lenken das Gespräch auch nicht in eine bestimmte Richtung, sondern schauen ganz unvoreingenommen, welche Beschreibungen, Erklärungen und Assoziationen die Coachees selbst zu dem Bild einbringen. Diese werden dann im Gespräch vertieft. Und wenn sie auf einen bedeutsamen Aspekt gestoßen sind, greifen sie dazu passend intuitiv ein winzig kleines Element aus dem Bild heraus und pausen es auf ein Blatt Papier in der Größe DIN-A4 ab. Wichtig ist hierbei, dass sie kein geschlossenes Element auswählen (zum Beispiel den Kreis einer Sonne), sondern ein offenes (zum Beispiel den Bogen des Sonnenkreises). Dann bitten Sie die Coachees, dieses Element selbst nochmals abzupausen und anschließend mit einem Filzmaler mit einer Zeichnung zu vervollständigen. Dieses Bild ist das Resonanzbild.

SCHRITT 3: Sie wiederholen diesen Schritt, pausen also nochmals ein Bildelement ab, bitten die Coachees es nochmals durchzupausen und daraus eine weitere Zeichnung (Resonanzbild) zu erstellen.

SCHRITT 4: Danach sollen die Coachees alle Bilder (insgesamt fünf) mit etwas Abstand in einer Reihe auslegen. Dabei sollen sie einfach nach Gefühl vorgehen, was für Sie persönlich eine stimmige Reihenfolge ergibt, und nicht lange überlegen.

SCHRITT 5: Danach legen Sie vor und hinter die Reihe ein weißes Blatt. Das leere Blatt am Anfang steht für die das gesamte bisherige Leben der Coachees, ihre Geschichte und alles, was sie erlebt haben und sie geprägt bis zum heutigen Tag. Das leere Blatt am Ende steht für die Zukunft und dafür, dass das Leben und die Entwicklung der Coachees weitergeht.

SCHRITT 6: Wenden Sie sich dann im Gespräch dem Initialbild zu und lassen Sie die Coachees zum Bild erzählen. Was ist zu sehen? Was zeigt sich im Bild? Wie verhält es sich zur persönlichen Lebenssituation? Was ist bedeutsam? Nehmen Sie hierbei zentrale Lebensfragen, schlummernde Themen und/oder Konflikte und Ressourcen in den Blick.

SCHRITT 7: Dann nehmen Sie eine Spielfigur hinzu und ermuntern die Coachees in der Vergangenheitsform eine Geschichte zu erzählen, indem sie mit ihrem Vornamen beginnen, in der dritten Person sprechen und mit der Spielfigur von Bild zu Bild springen und zu jedem Bild genau einen Satz formulieren. Sie beginnen mit »Es war einmal der/die …«.

Bei dieser Methode wird ein persönlicher Anschauungs- und Proberaum geschaffen, der dazu dient, Unbewusstes herauszuarbeiten und bestimmte Verhaltens-, Denkweisen oder Beziehungsmuster zu erkennen, weiterzuentwickeln und einer sinnvollen Wandlung zu unterziehen. Das Besondere ist, dass im Bild und in der daraus entwickelten Bildreihe verschiedene Lösungswege gedanklich und gefühlsmäßig »durchgespielt« und »probiert« werden können, bevor sie in der realen Situation zur Umsetzung kommen. Es kommt also zu einer »inneren Erfahrung«, bei der die Coachees ihre Ressourcen auf kreative Weise neu entdecken und mobilisieren. Vor allem erleben sie die Erleichterung, die sich emotional unmittelbar nach der imaginären Bearbeitung eines Konflikts einstellt. Dadurch werden sie erheblich motiviert, die mit dem neuen Lebensentwurf verbundenen Veränderungsprozesse in ihrem Leben proaktiv zu gestalten.

WISSENSINSEL

Diese Übung basiert auf der tiefenpsychologisch fundierten und systemorientierten Theorie nach Professor Dr. Dr. Gisela Schmeer (eine der drei Begründerinnen der Kunsttherapie), die sich auf entwicklungspsychologischen Hintergründe von Belastungen und deren Bearbeitung im Sinne einer ganzheitlichen Persönlichkeitsentwicklung konzentriert. Die wesentlichen Elemente dieses Ansatzes sind: Innenschau (Introspektion), Außenschau (Rezeption), Rückmeldung (Resonanz), Nachdenken (Reflexion), Ausdruck (Verbalisieren, Körpersprache und Handeln). Ich empfehle Ihnen, sich tiefer mit der zugrunde liegenden Theorie und Literatur zu befassen und die Methode intensiv zu üben, bevor sie sie im Coaching einsetzen.

Den Einsatz im Coaching können Sie im Buch »Wie Zeichnen im Coaching neue Perspektiven eröffnet« von Sabine Mertens (2014) nachlesen. Praktisch sind auch die Impulskarten von ihr »Zeichnen im Coaching« (2018).

Phase 5: Entwickeln

Aus der Entscheidung für den individuellen Lebensentwurf ergeben sich neue Handlungslinien. Der Lebensentwurf wird gewissermaßen zum Prototyp und Leitbild für das künftige Wirken und Schaffen. Aus ihm ergibt sich, welche persönlichen Entwicklungen und Veränderungen einzuleiten sind.

Da die Neugestaltung eines Lebensentwurfs in der Regel komplex ist, stehen die Coachees zum Teil vor weitreichenden und tiefgreifenden Veränderungen – innerlich wie äußerlich. In vielen Fällen wird ein ganzes Spektrum an Themen und Aufgaben berührt. Die Lebensgestaltung wird »umgekrempelt«.

Körper Alltag Erleben Moral Haltung Selbstvertrauen Tätigkeiten Lebensinhalte
Charakter Entscheidungen Wissen Fähigkeiten Lebensereignisse Lernen Ethik
Gedanken Sinn Ressourcen Themen Gesundheit Beziehungen Werte Rollen
Selbstliebe Gewohnheiten Experimente Lebensstil Gefühle Gesundheit Aktionsfelder
Traumata Selbstausdruck Investitionen biografische Prägungen Urvertrauen Identität
Kommunikation Verhalten Einstellungen Leistungen Rituale Aufgaben Orte Mindset
Erfahrungen Umwelt Selbstmanagement Konflikt Aktivitäten Energie Strukturen
Selbstfürsorge Projekte Unterstützung Kreativität Fortschritte Co-Kreation Flow

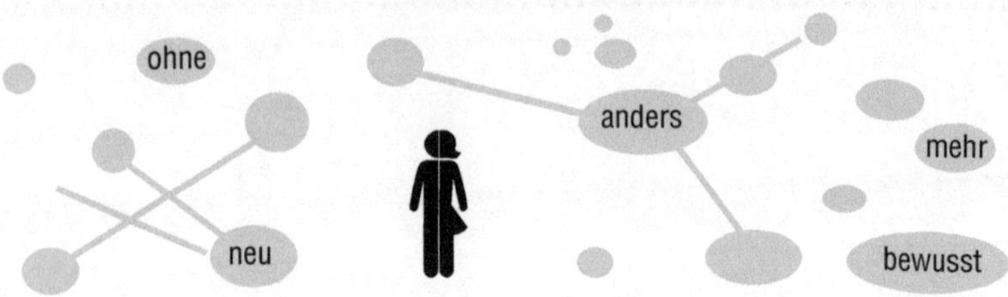

Ausgehend vom gewünschten Lebensentwurf und den persönlichen Ressourcen bestimmen Sie mit den Coachees Konzepte, Ziele, Strategien, Methoden, Aufgaben und To-dos, die die gewünschte persönliche Entwicklung und Veränderung begünstigen, fördern und herbeiführen sollen. Sie entwickeln einen Prototypen für die künftige Lebensgestaltung. Darin sind alle wichtigen Unternehmungen, Aktivitäten, Prozesse und Vorhaben beschrieben.

Verfolgen Sie dabei einen möglichst ganzheitlichen und vielschichtigen Ansatz, der alle wichtigen Bereiche des Lebens in den Blick nimmt, und überlegen Sie aus verschiedenen Blickwinkeln, was vom derzeitigen Zeitpunkt aus betrachtet wie und in welchen Zeiträumen gestaltet werden soll.

Wenden Sie sich dabei in jedem Fall auch qualitativen Aspekten zu, zum Beispiel mit welcher inneren Haltung und Überzeugung, nach welchen persönlichen Werten oder Maßstäben die Coachees bestimmte Maßnahmen ergreifen wollen und werden, und welches Lebensgefühl sie zukünftig stärken wollen. Eine bewusste, am Lebensentwurf orientierte Lebensgestaltung erfordert zweifelsohne persönlichen Einsatz, Mühe und Kraft, darf und sollte aber Freude bereiten und Lust am Leben hervorrufen. Extrem wichtig ist, dass die Coachees nicht ausschließlich vom Kopf her denken, sondern sich zudem von ihrer Intuition und ihrem Gefühl leiten lassen.

- Was ist jetzt und in nächster Zeit wichtig?
- Was werde ich ganz konkret tun?

Dies gilt es herauszuarbeiten, zu formulieren. Wesentliches lässt sich direkt aus dem Lebensentwurf ableiten. Obendrein können Sie mit den Coachees sämtliche wichtigen – auch alltäglichen – Bereiche des Lebens durchgehen und schauen, welche neuen Aufgaben sich jeweils ergeben. Betrachten Sie das Leben als Ganzes, in seiner Gesamtheit, und formulieren Sie, was ganz generell und übergreifend ansteht und zu tun ist. Und bedenken Sie, was partiell oder punktuell auf verschiedenen Ebenen, vielleicht auch nur kurzzeitig oder einmalig lebenswert ist und angestrebt wird. Achten Sie auf ein vielschichtiges Vorgehen, und entwickeln Sie einen individuellen Mix aus Aktivitäten und Aufgaben. Schnüren Sie ein »buntes Paket«, das den Coachees kurz-, mittel- und langfristig als grobes Handlungsgerüst für die Lebensgestaltung in Zukunft dient.

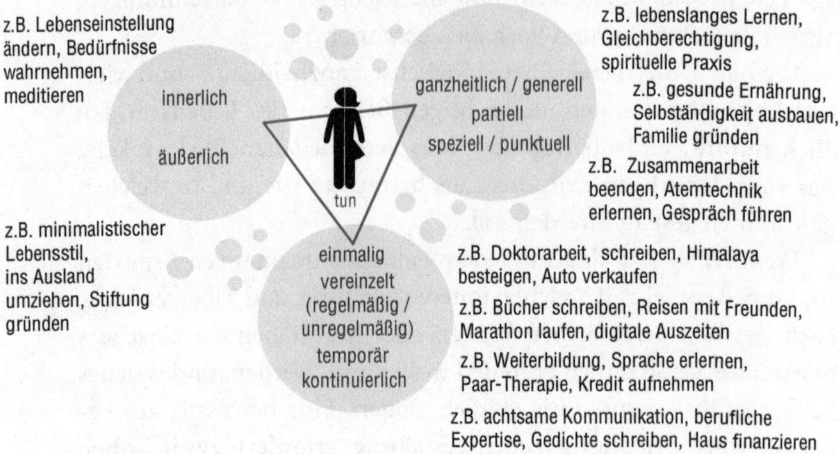

Formulieren und notieren Sie möglichst präzise, was in den kommenden Wochen und Monaten eigenverantwortlich in Angriff genommen werden wird. Die Coachees sollen genau überblicken können, worauf sie in nächster Zeit hinwirken und welche Handlungen und Schritte Sie dazu proaktiv ausführen werden.

Behandeln Sie große Baustellen und Kernthemen vorrangig. Sie kosten viel Kraft und haben einen großen Impact auf andere Bereiche. Lebensbereiche, in denen die Coachees keinen bis geringen Handlungsbedarf erkennen, können außen vor gelassen oder zurückgestellt werden. Sie müssen nicht alles bis ins Letzte durchdeklinieren. Entwickeln Sie ein solides Handlungsgerüst, das den Coachees innerlich Sicherheit und Orientierung bietet und ein Gefühl von Realisierbarkeit vermittelt. Die Coachees sollen mit der Umsetzung direkt loslegen – also wieder mehr selbstgetreu leben – können.

Vereinbaren Sie eine Zeitspanne für das »große Ganze« und setzen Sie zusätzlich mehrere zeitliche Marker, um die einzelnen Entwicklungen in den verschiedenen Lebensbereichen leichter vorantreiben, überblicken, einschätzen und gegebenenfalls neu anpassen zu können. So entsteht ein individueller Mix aus Strategien, Maßnahmen und Aktivitäten.

TIPP

Resümieren Sie, wie komplex die Herausforderungen sind und wie viele Aufgaben auf die Coachees in der nächsten Zeit zukommen werden. Haben die Coachees ausreichend Energie und Ressourcen, um den eigenen Lebensentwurf zu gestalten? Sind Sie bereit, ihre volle Energie und Aufmerksamkeit darauf zu richten? Was hilft den Coachees, auch abenteuerliche Zeiten zu durchleben und zu verarbeiten? Gibt es freie, entschleunigte Zeiten, Räume für Entspannung und Stressabbau?

Finden Sie gemeinsam heraus, was sie innerlich stärkt und stabilisiert. Fragen Sie, wie die Coachees in der nächsten Zeit besonders gut für sich sorgen können und werden, welche Formen der Unterstützung sie eventuell benötigen und organisieren können.

Fragen Sie auch danach, was die aus Sicht der Coachees vermutlich größte Herausforderung sein wird. Vielleicht möchten sie sich in einer Coachingsession proaktiv damit beschäftigen, damit sie nützliche Einstellungen und Fähigkeiten verstärken beziehungsweise ausbilden können.

Dann beginnt die Phase der Verwirklichung: Die Coachees konzentrieren sich darauf, vieles neu und anders zu machen. Erfahrungsgemäß drängen sich im Zuge dieser Umgestaltung aufgrund der schon beschriebenen, einsetzenden Dynamik häufig weitere Überlegungen, Maßnahmen und Schritte auf, die gleichfalls bedacht und in den Prozess integriert werden müssen. Der Entwurf kann dementsprechend immer wieder angepasst und überarbeitet werden.

Je nach Entwurf und Veränderungsgrad erstreckt sich der Gestaltungszyklus über einen Zeitraum von mehreren Wochen bis hin zu Monaten oder Jahren. Daher ist es sinnvoll, im Coaching in größeren Intervallen mit Follow-up-Terminen zu arbeiten. Die Follow-up-Termine dienen dazu,

- die persönliche Weiterentwicklung und Umsetzung des Lebensentwurfs zu unterstützen,
- vordringliche Herausforderungen zu bewältigen,
- speziellen Schwierigkeiten nachzugehen,
- Unvorhergesehenes zu integrieren,
- wiederkehrende Themen zu überwinden,
- aktuelle Fragen zu klären,
- mögliche Stolpersteine zu identifizieren,
- bestimmte Fähigkeiten und Kenntnisse aufzubauen oder zu erweitern,
- den Lebensentwurf weiter auszuloten (gegebenenfalls anzupassen, zu verändern, weiterzuentwickeln),
- die Umsetzung der To-dos zu verfolgen,
- neue Ziele und Perspektiven für die Zukunft zu definieren.

Manchmal erhoffen sich Coachees, beachtliche Fortschritte innerhalb kürzester Zeit durchsetzen zu können. Diese Erwartungen sind in den meisten Fällen unrealistisch beziehungsweise unmöglich, zumindest dann, wenn es darum geht, nicht nur etwas Lebenskosmetik an der Oberfläche zu betreiben. Echte Transformation ist tiefgreifend. Das benötigt Zeit, manchmal viel Zeit. Viel mehr als Schnelligkeit sind Geduld, Kontinuität und Achtsamkeit gefragt. Thematisieren Sie diesen Aspekt im Coaching.

Manchen Menschen fällt es schwer, innere Ausdauer aufzubringen. Wenn sie jedoch darüber aufgeklärt werden, können sie sich bewusst darauf einstellen und ihre Erwartungen überdenken und gegebenenfalls neu ausrichten. Gerade für Menschen, die sich generell immer zu viel zumuten, kann es eine überaus wertvolle Erfahrung sein und große Entlastung bedeuten. Ermutigen Sie die Coachees, sich selbst die Zeit zu geben – »Zeit für sich zu haben« – und sich den Herausforderungen zu stellen und in den Weiterentwicklungsprozess zu gehen.

In den Medien wird gern suggeriert, dass ein Lebenswandel geradlinig und mit geringfügigem Aufwand zu erzielen ist. Headlines wie »Der 10-Schritte-Plan für ultimatives Lebensglück«, »In sieben Schritten zum Erfolg«, »Dein gesamtes Leben umkrempeln in vier Wochen« oder so ähnlich lassen viele Coachees glauben, dass es nur eines schlüssigen Plans mit ein wenig Lebenskosmetik bedarf, um sich und sein Leben in die gewünschte Richtung zu bringen. Seriöse Coaches wissen, dass alles eine »Reifezeit« hat und dass selten alles in einem einzigen Ruck oder Versuch, mit wenigen Schritten mühelos und auf Anhieb gelingt. Damit Veränderung wirklich stattfindet, sind meist mehrere Anläufe, einige Umwege und etliche Versuche und Wiederholungen notwendig. Sogar Sackgassen und Holzwege sind gestattet. Und wenn sich etwas überhaupt nicht realisieren lässt oder misslingt, so bedeutet das keineswegs, dass es sich dabei um ein Unglück handelt. Manchmal führt ein Komplettzusammenbruch überhaupt erst dazu, dass sich die Lebensverhältnisse grundlegend ändern und Neues, Positives entstehen kann. Berücksichtigen Sie dies, wenn Sie Lebensentwürfe coachen. Es gibt keinen perfekten Lebensentwurf. Es ist unmöglich alle Schritte und Wege im Vorfeld zu kennen und zu bestimmen. Vieles kann, darf und wird ganz anders kommen. Rückblickend hat das oft einen tieferen Sinn oder Grund. Ihre Aufgabe als Coach ist also nicht, einen Weg vorzugeben, sondern mit den Coachees praktikable Wege zu erarbeiten, die sie flexibel gehen und für sich ausprobieren möchten.

Ich bin davon überzeugt, dass jedes Lebensmodell, jeder Lebensentwurf einzigartig ist, und dass Menschen im Leben immer wieder dazu herausgefordert sind beziehungsweise werden, ihre eigene Definition von Glück, Liebe, Gesundheit, Erfolg und so weiter zu entwickeln und zu verwirklichen. Dazu gibt es keinen Plan, keinen Leitfaden, kein Rezept. Das einzige, was sie dazu tun müssen, ist ihrer eigenen Vorstellung und Wahrheit mutig – und auch ganz praktisch – zu folgen.

Ich ziehe im Coaching gern das 3-Sektoren-Modell heran, um Sorge zu tragen, dass die Coachees sich in ihrer Entwicklung und Lebensgestaltung nicht selbst über- und unterfordern. Es ist sehr anschaulich und einprägsam und kann von den Coachees später problemlos in Eigenregie als Selbstcoaching-Tool eingesetzt werden, um Entscheidungen über den Grad eigener Veränderungen zu treffen.

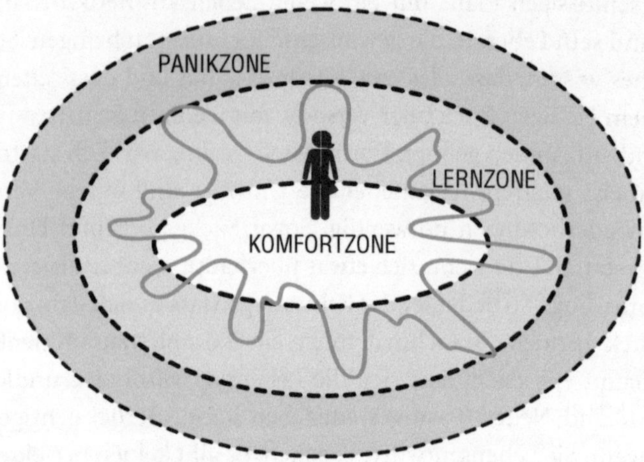

Das 3-Sektoren-Modell basiert auf den Erkenntnissen der Psychologen Robert M. Yerkes und John D. Dodson, die in einem Experiment mit Mäusen zeigen konnten, dass sich deren Performanz zunächst in einem stressneutralen, angstfreien Bereich bewegte. Durch Erregung, also Auslösung von Stress, kam es zu einer gesteigerten Performanz – allerdings nur bis zu einem bestimmten Level. Wurde dieses überschritten, war der Stresspegel also zu hoch, so sank auch deren Performanz. Übertragen auf Menschen könnte man sagen, dass es eine menschliche Komfortzone gibt, in denen Menschen sich weitgehend sicher fühlen und zurechtfinden. In dieser Zone verspüren sie demzufolge wenig Anreize, in weniger vertraute, unbekannte –

und damit stressigere – Sphären vorzustoßen. Es ist ein weitgehend gefühlsneutraler, angstfreier Zustand. Soll persönlich und in der Gestaltung des eigenen Lebensentwurfs jedoch eine gewisse Weiterentwicklung stattfinden, so ist augenscheinlich ein gewisser Stresspegel notwendig, um aktiv zu werden. Es folgt eine (Selbst-)Konfrontation mit Herausforderungen, ungewohnten, komplexen Aufgaben, Hindernissen und Schwierigkeiten. Diese sorgen dafür, dass wir unsere Komfortzone verlassen und hinzulernen, uns weiterentwickeln und »stärker performen«, also mehr aus uns und unserem Leben herausholen und möglich machen. Muten wir uns jedoch zu viel zu oder sind die an uns gestellten Anforderungen zu hoch, entsteht innerlich Angst oder Panik. Innerlich und äußerlich findet keine Weiterentwicklung (mehr) statt. Daher gilt es, dass Sie Ihre Coachees dabei unterstützen, damit diese nicht in die Panikzone geraten.

Wenn ein Coachee gedanklich in diese Angstzone gleitet, können Sie es zum Beispiel daran bemerken, dass er geistig und körperlich erstarrt und sich mehr auf die Hindernisse fixiert als auf den Entwurf selbst. Beobachten Sie dagegen eine positive »Elektrisierung« und freudige Erregung, nur leichtes Zähneklappern – also ein verträgliches Level von Angst oder Stress – so zeigt dies, dass sich der Coachee in der Lernzone befindet.

Ich beziehe die Coachees im Sinne der Selbstverantwortung und Fürsorge ein. Ich bitte sie, den Lebensentwurf und auch die sich anschließenden Schritte und To-dos stets so zu bemessen, dass sie sich in Anlehnung an dieses Modell im besten Sinne selbst herausfordern. Sie sollen ein »ordentliches« innerliches Kribbeln verspüren, wenn sie ihre zukünftige Lebensgestaltung antizipieren, und sich während der Verwirklichung ihrer Vorhaben weder zu sehr noch zu wenig stressen.

Die Coachees sollen also genau abwägen, welches Ausmaß an Veränderung und persönlichem Wachstum sie sich zutrauen:

- Welche Entwicklungen sind mit dem Lebensentwurf verknüpft?
- Inwieweit traue ich sie mir zu?

- Wo finde ich Halt? Wie mache ich mir Mut?
- In welche neuen Bereiche oder Lernfelder werde ich vordringen?
- Wo will ich wachsen?

Grundsätzlich kann immer die Situation eintreten, dass die Coachees sich selbst über- oder unterschätzen und infolgedessen in die Komfort- oder Panikzone abrutschen, zum Beispiel aufgrund mangelnder Erfahrung oder geringem Selbstvertrauen. Dann kann geprüft werden, inwieweit der Entwurf oder einzelne Bereiche oder Maßnahmen überdacht und gegebenenfalls neu angepasst werden müssen oder ob es sinnvoller ist, dennoch daran festzuhalten. Zum Beispiel kann es hilfreich sein, persönlich gut bewältigbare Zwischenschritte zu formulieren, Erfahrungsvertrauen aufzubauen und so verstärkt in Richtung einer neuen, inneren Einstellung (höheren Selbstwirksamkeitserwartung) zu arbeiten, die eine sukzessive Realisierung ermöglicht.

Klar ist wohl, dass sich neue Lebensentwürfe nicht innerhalb der Komfortzone entwickeln. Sie werden gedanklich vielleicht dort geboren, aber ganz sicher nicht realisiert. Dazu ist der Wechsel in die Lernzone nötig. Ohne eine gepflegte Portion Mut und die Bereitschaft, neue Erfahrungen zu sammeln, geht es nicht. Die Coachees müssen also ein Lernfeld für sich definieren, in dem sie über bisherige Grenzen hinausgehen und innere Widerstände überwinden lernen. Es geht darum, in neuer Form aktiv zu werden, und auf diese Weise die eigene Selbstwirksamkeit zu steigern oder auszudehnen. Dabei bestimmen die Coachees den Grad und das Ausmaß gemäß ihrer Konstitution selbst.

Wer sich selbst vertraut, sich seiner Stärken, Ressourcen und Potenziale bewusst ist und imstande ist, sich selbst innerlich Halt zu geben, kann leichter in das »große Becken der Veränderung« springen und sich mutig darin fortbewegen. Er kann große Kreise müheloser ziehen. Wer sich über sich selbst noch sehr im Unklaren ist, noch wenig Zutrauen in die eigenen Fähigkeiten und Möglichkeiten entwickelt hat und angesichts weitreichender Herausforderungen innerlich schnell ins Wanken gerät, schreckt vor »großen Gewässern« eher zurück und wagt sich nur peu à peu hinaus. Das ist in Ordnung. Es darf klein angefangen, Neues allmählich etabliert werden. Auf einen großen Schritt dürfen auch mal wieder kleinere folgen. Sogar für Ruhepausen und frustrierte Durchhänger ist Platz. Es wird nicht alles klappen und Erfolg bringen. Das ist sogar notwendig. Wichtig ist, dass die Coachees ihr Leben selbstbestimmt in die Hand nehmen und daran wachsen. Mit der Zeit, mit wachsendem Selbstbewusstsein und nach ersten Erfolgserlebnissen lassen sich dann auch größere Vorhaben und Projekte in die Hand nehmen und realisieren. Ich habe die Erfahrung gemacht, dass so irgendwann sogar Vorhaben in Angriff genommen werden, die lange Zeit für »unmöglich« gehalten und gefühlt »viel zu weit weg« erschienen. Aufgaben, die in die Panikzone fielen, beginnen dann in die Lernzone zu wandern.

Es gilt also: Auch »Babysteps« können voranbringen. Die Coachees entscheiden selbst, inwieweit sie in der Lebensgestaltung über sich selbst hinauswachsen und mit ihrem Lebensentwurf in neue Sphären vordringen möchten. Sie bestimmen, wie weit sie gehen möchten und können. In der Arbeit mit dem 3-Sektorenmodell können Sie folgendermaßen vorgehen:

UMSETZUNG: 3-SEKTOREN MODELL

SCHRITT 1: Erklären Sie Ihren Coachees das 3-Sektoren-Modell. Und illustrieren Sie es, indem Sie die drei Zonen beispielsweise auf einem Flipchart skizzieren und einige Beispiele geben.

SCHRITT 2: Bitten Sie Ihre Coachees, sich zu überlegen, welche Schritte und Maßnahmen sie zur Gestaltung ihres Lebensentwurfs in nächster Zeit ausführen möchten, und dabei gedanklich zu prüfen, in welchem Sektor sie sich gemäß diesem Modell bewegen. Fragen Sie nach:

- Wie stark wollen Sie sich selbst fordern?
- Was wollen Sie dazu aktiv erlernen oder tun?

- In welcher Zone würden Sie diesen Schritt beziehungsweise diese Maßnahme ansiedeln?
- Was müsste passieren, damit Sie innerlich in den Paniksektor verfallen?
- Welche Aktivitäten oder Nicht-Aktivitäten würden Sie eher in Richtung Komfortzone bringen?
- Welche konkreten Schritte und Maßnahmen fallen Ihnen zur Lernzone ein?
- Was sind verlässliche Anzeichen dafür, dass Sie sich nicht mehr im Lernsektor bewegen, sondern in einer der beiden anderen Sektoren?
- Wie können Sie sich vor Über-/Unterforderung schützen?
- Inwieweit kann dieses Modell Ihnen in der Verwirklichung Ihres Lebensentwurfs dienen?

Nach der Klärung der genannten Fragen können Sie konkret an den ersten Schritten arbeiten und dazu das folgende Tool nutzen.

UMSETZUNG: TO-DO-CLUSTER

Ein To-do-Cluster ist eine schöne Möglichkeit, die eigenen Aufgaben übersichtlich im Blick zu haben und zu halten. Es umfasst Folgendes:

- To-do-Cluster
- Konzept, Ziel, Strategie, Idee
- Aufgaben, Methoden, To-dos
- Zeitraum (kurz-, mittel-, langfristig): Bis wann?

Anders als herkömmliche Pläne oder To-do-Listen darf das Cluster neben präzisen Angaben zudem Ziele, Bereiche, Gedanken oder Wünsche beinhalten, die noch vage oder unausgegoren sind. Allein das gedankliche Mitnehmen, das Integrieren dieser Vorhaben, besitzt schon eine gewisse Kraft. Es muss nicht – auch nicht im Coaching – sofort für alles einen klaren Weg, eine zielführende Strategie oder stimmige Lösung geben. Wichtig ist, dass der Wille, etwas Bestimmtes erreichen oder schaffen zu wollen, formuliert und vorsätzlich aufgenommen wird. Manches wird noch reifen, sich entwickeln oder komplett außerhalb des eigenen Wirkkreises entstehen.

Anders als bei der Lebensplanung dürfen Fragen und Unsicherheiten ihren Raum haben und Entwicklungen offengehalten werden. Es muss nicht über alles entschieden werden und »Methode« haben. Es ist möglich, Dinge ungeplant, spontan und intuitiv zu verfolgen. Manches entsteht und verändert sich scheinbar wie ein Wunder von selbst, sobald es im Fokus der Aufmerksamkeit ist.

Für das To-do-Cluster können Sie einen Flipchartbogen vorbereiten und darauf die vier Spalten schreiben. Anschließend bitten Sie die Coachees, sämtliche Vorhaben und Vorgehensweisen zur Gestaltung ihres Lebens darauf zu notieren. Diese sollten möglichst klar umrissen und mit präzisen Angaben versehen sein. Sie unterstützen die Coachees dabei, sich selbst zu strukturieren und die verschiedenen Aktivitäten in einen umsetzungsfähigen Entwurf zu überführen.

Damit Sie ein Gespür dafür bekommen, was ich mit dem To-do-Cluster alles für die Coachees festhalte, schauen Sie sich bitte das konkrete Beispiel bei den Online-Materialien an.

Das Taskboard ist eine andere, tolle Möglichkeit, mit der Coachees persönliche Aktivitäten in der Lebensgestaltung erfassen, überblicken und dynamisch koordinieren können. Diese Technik – auch bekannt als Scrum Board oder KANBAN-Brett – wird eigentlich im Bereich des agilen Arbeiten für effiziente Arbeitsprozesse in Unternehmen und Teams eingesetzt. Sie eignet sich aus meiner Sicht aber ebenfalls hervorragend, um verantwortliches, effizientes Selbstmanagement zu betreiben und die Realisierung des eigenen Lebensentwurfs konsequent und diszipliniert voranzutreiben.

UMSETZUNG: TASKBOARD

Das Taskboard ist leicht zu verstehen, einfach in der Handhabung und kann auch nach dem Coaching von den Coachees selbstständig angewendet und fortgeführt werden. Alles, was die Coachees dazu brauchen, ist eine freie Wandfläche, etwas Klebeband, bunte Klebezettel in verschiedenen Größen und einen Filzstift. (Alternativ dazu ist es auch möglich, ein digitales Taskboard anzulegen.)

SCHRITT 1: Die Coachees richten ihr Personal Taskboard ein, indem sie auf der Freifläche mit dem Klebeband drei Spalten markieren »To-do – In Progress – Done«.

SCHRITT 2: Die Coachees entscheiden sich, welchen Aufgabenkreisen (AK) sie sich widmen möchten, um den eigenen Lebensentwurf zu gestalten, und notieren jeweils einen Aufgabenkreis (AK) auf einem größeren Zettel. Dann überlegen Sie sich, welche einzelnen Aufgaben (A) darunterfallen und notieren diese auf kleinere Klebezettel. Diese werden dann auf die größeren Zettel zum jeweiligen Aufgabenkreis (AK) geklebt. Die entstandenen Zettelgruppen werden in die linke Spalte – To-do – geklebt.

SCHRITT 3: Sobald die Coachees beginnen, an einer (Unter-)Aufgabe zu arbeiten, wird der dazugehörige Zettel in die Spalte »In Progress« geklebt.

SCHRITT 4: Wurde eine (Unter-)Aufgabe vollständig ausgeführt oder zum Beispiel als neue Gewohnheit oder Lebensbestandteil erfolgreich in die Lebensgestaltung integriert, wird der Zettel in die Spalte »Done« verschoben und die Coachees können sich anderen Aufgaben aus der ersten Spalte zuwenden. Wenn alle (Unter-)Aufgaben bearbeitet wurden, kann der gesamte Aufgabenkomplex von der linken in die rechte Spalte geschoben werden und ein neuer Aufgabenkomplex eingeführt werden.

SCHRITT 5: Wenn bestimmte Aufgaben nicht ausgeführt werden können, zum Beispiel wegen äußerer Umstände, unerwarteten Schwierigkeiten oder inneren Blockaden, so können diese Blockaden oder Blocker im Taskboard visuell deutlich gemacht werden, zum Beispiel in Form von kleinen Zetteln oder Symbolen, die auf den Aufgaben angebracht und bei Beseitigung wieder entfernt werden können.

SCHRITT 6: Können bestimmte Aufgaben anhaltend nicht bearbeitet werden, weil Blocker unverändert bestehen bleiben und durch eigenen Einfluss nicht beseitigt werden können, so können sie zunächst in Parkposition in die untere Hälfte verschoben oder später auch ganz beseitigt und gegebenenfalls durch andere Aufgaben ersetzt werden

SCHRITT 7: Sehr hilfreich ist, eine Fläche für neue Ideen und Überlegungen in das Taskboard mit aufzunehmen. Sie können den Prozess begleiten und im Lauf der Zeit entweder wieder verworfen oder in neue To-dos umgewandelt werden.

Ein Beispiel (s. S. 136) für ein solches Taskboard könnte Folgendes enthalten. Dabei bedeuten

AK = Aufgabenkreis (großer Zettel)
A = Aufgabe
(!) = Blockade

Auf diese Weise behalten die Coachees ihre Lebensentwurfsgestaltung beständig im Blick und haben Transparenz über ihren individuellen Wirkfluss und -fortschritt. Sie überschauen, woran sie arbeiten, womit sie sich beschäftigen, was sie erfolgreich umgesetzt und verwirklicht haben. Gleichzeitig sind sie aufmerksam für Blockaden und werden angehalten, diese entweder zu beseitigen oder andere Strategien, Wege und Lösungen zu finden. So bleibt die individuelle

TO-DO	IN PROGRESS	DONE
Haus verkaufen (AK) Fotos machen (A)	Malerarbeiten (A) Schränke ausmisten (A)	Bekannte informieren (A) Online-Anzeige schalten (A)
Italienisch lernen (AK) Online-Gesprächskreis finden oder gründen (A)	1x wöchentlich Zoom Call mit Carla in Rom (A) Grundkurs besuchen (A)	Italienreise (sechs Wochen) planen (A) italienische Hörbücher installieren (A)
Beziehung zu den Kindern verbessern (AK) gemeinsames Hobby finden (A)	Alltag freudvoller gestalten (Musik an, Lachmomente, loben) (A) Familienbuch anlegen (A)	gemeinsame Kuschelzeit am Abend (A) 1x monatlich Spieleabend (A) Betreuungszeit reduzieren
Geld selbstverantwortlich anlegen (AK)	Freunde interviewen (A) Familie in Kenntnis setzen (A) **(!)** bestehende Verträge auflösen (A) **(!)**	Recherchieren zu alternativen, nachhaltigen Anlageformen (A)
Ideen und Überlegungen für folgende To-dos Eisbaden? Kochkurs italienisch mit den Kindern im Wohnmobil durch Deutschlang fahren verrückte Weihnachten?	auf der Arbeit Tee trinken Pausen an der frischen Luft Öfter spontan küssen!	öfter an den See/ die Berge fahren (A) Briefe wieder von Hand schreiben (A) schöne Kleidungsstücke tragen (A) Gong-App im Alltag (A)
Intensiver leben (AK) Freunde in San Fransisco besuchen (A) Body-Scan lernen (A) vor dem Schlafen lesen (A)		

Lebensgestaltung im Fluss, die Coachees führen ihr Leben eigenverantwortlich und bewusst.

Neigen die Coachees dazu, sich zu viele Aufgaben auf einmal aufzuhalsen und fühlen sie sich überfordert? Oder verlieren sie in Anbetracht mehrerer Baustellen schnell die Motivation? Arbeiten sie ineffizient und bringen ihre Vorhaben nicht zum Abschluss? Dann können sie auch ein »Work in Progress Limit« (WIP) definieren, in dem festgelegt wird, an wie vielen Aufgabenkomplexen nebeneinander die Coachees maximal arbeiten.

TIPP

Diese Technik eignet sich auch hervorragend für Scanner-Persönlichkeiten.

WISSENSINSEL

Scanner-Persönlichkeiten sind Menschen mit einer vielfältigen Begabung. Sie lieben es, sich vielseitig zu fordern und weiterzuentwickeln, an mehreren Projekten gleichzeitig zu arbeiten und zwischen verschiedenen Fragestellungen, Themen und Tätigkeiten hin und her zu springen. Demzufolge kann es ihnen schwerfallen, einzelne Aufgaben über längere Zeiträume konsequent zu verfolgen und zum Abschluss zu bringen. Genau diese Fähigkeit wird bei der Taskboard-Methode trainiert, weil Aufgabenkreise erst abgeschlossen werden sollen, bevor neue hinzugenommen werden können.

Um neue Gewohnheiten einzuführen oder zu festigen, können die Coachees mit sogenannten »Gewohnheitstrackern« arbeiten. Dazu erstellen sie eine Tabelle mit den Fähigkeiten oder Tätigkeiten, die sie erlernen oder stärken möchten, indem sie sie untereinander in einer Spalte notieren. Anschließend legen sie für jeden Tag des Monats eine Spalte an. Im Internet gibt es spezielle Vorlagen zum

Downloaden. Oder Sie nutzen den Gewohnheitstracker, der bei den Online-Materialien zu finden ist.

Jedes Mal, wenn die Coachees die erwünschte Fähigkeit oder Verhaltensweise ausgeführt oder haben, malen sie das Kästchen bunt aus oder setzen ein Kreuz in die Spalte.

Diese Technik ist gerade anfangs, in den ersten Wochen, sehr hilfreich. Studien zufolge sind im Schnitt zwischen 30 und 60 Wiederholungen notwendig, um eine bestehende Gewohnheit durch eine neue zu ersetzen beziehungsweise um eine neue Gewohnheit erfolgreich in die Lebensgestaltung zu integrieren.

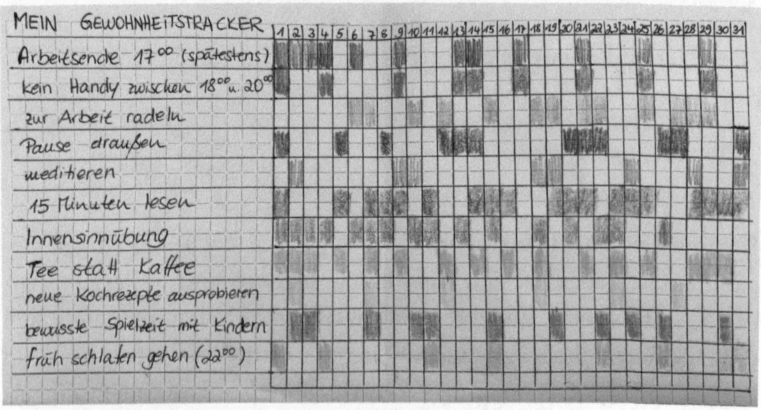

Manchen Coachees ist dieses Vorgehen zu streng organisiert und strukturiert. Sie bevorzugen eher weichere, kommunikativere Formen, die sie motivieren, persönliche Vorhaben anzugehen und umzusetzen. Einige Coachees, mit denen ich gearbeitet habe, haben ganz individuelle Techniken und Hilfsmittel für sich entwickelt. Zum Beispiel:

- Ein Coachee hat einen Freund gebeten, ihn regelmäßig anzurufen und »unbequem-empathisch« mit der Frage zu nerven »Wie klappt es mit der Arbeit am neuen Album?«
- Eine Coachee hat in den ersten Wochen der Veränderung jeden Abend eine Sprachnachricht mit dem Handy aufgezeichnet, in der sie ihre täglichen Fortschritte festgehalten hat.

- Andere haben eine WhatsApp-Gruppe mit Freundinnen gegründet, in der nach festgelegten Regeln über große und kleine Erfolge in Sachen Lebensentwurf berichtet wird. Diese Gruppe steht dann auch als emotionaler Rettungsanker bei Rückschlägen zur Verfügung.
- Ein Coachee hat am PC ein »Leben!-Dokument« für sich angelegt und darin täglich notiert, inwieweit er sich proaktiv mit seinem Lebensentwurf befasst und an seinen Vorhaben gearbeitet hat.
- Oder es wurde eine spezielle Route und Routine mit verschiedenen Stationen entwickelt, bei der die eigene Entwicklung anhand von verschiedenen Fragen in Augenschein genommen werden kann.

Auch – ganz simpel – persönliche Ziele und Entschlüsse im Familien-, Freundes- und Kollegenkreis zu verkünden und transparent zu machen kann die Selbstdisziplin- und Verbindlichkeit schon deutlich erhöhen und begünstigen, Beschlossenes energisch zu realisieren.

TIPP

Fragen Sie die Coachees am besten ganz direkt: Was hilft Ihnen in der Lebensentwurfsgestaltung am meisten? Was hilft Ihnen persönlich, um eigene Vorhaben zu formulieren, zu fokussieren und sukzessive zu realisieren? Welche Hilfsmittel oder Techniken haben Sie schon kennengelernt oder können Sie sich vorstellen? Wie möchten und werden Sie dafür Sorge tragen, dass Sie die erklärten Vorhaben tatsächlich realisieren werden?

Phase 6: Erleben

In dieser Phase wird das Neue wahrgenommen und erfahren: geistig – seelisch – emotional – körperlich – sinnlich. Der neue Lebensentwurf wird gelebt und erlebt. Die Coachees gewinnen erste Eindrücke und neue Erfahrungen. Damit gehen subjektive Betrachtungen und Überlegungen einher.

- Was hat sich verändert?
- Was hat sich entwickelt?
- Wie ist mein Leben jetzt?
- Wie lebe ich jetzt?
- Wer bin ich jetzt?
- Wie empfinde ich das?

Viele Menschen stellen sich diese Fragen nur beiläufig oder temporär zu bestimmten Ereignissen wie Geburtstagen oder Jahreskreisfesten, um eine persönliche Lebensbilanz zu ziehen. Hier werden sie zu einem festen und integralen Bestandteil. Sie werden am Ende eines Gestaltungszyklus herangezogen, aber auch parallel zu den einzelnen Phasen, um eine vorläufige Bilanz zu ziehen und wertvolle Zwischenerkenntnisse zu gewinnen. Das eigene Leben wird in Augenschein genommen, um sich der persönlichen Entwicklung und Qualität des eigenen Lebens gewahr zu werden. Der Status quo wird erfasst.

Diese Auseinandersetzung erfolgt zunächst ganzheitlich, aus verschiedenen Blickwinkeln und unter Einbeziehung des gegenwärtig Erlebten, Erkennbaren und Bedeutsamen, dann aber auch spezifisch:

- Was hat sich für mich geändert? Was ist anders?
- Wie zufrieden bin ich mit meinem Lebensentwurf?
- Was habe ich geschaffen und verwirklicht?
- Welche neuen Erkenntnisse, Erfahrungen, Fähigkeiten … habe ich gewonnen?
- Wer bin ich jetzt? Woran bin ich menschlich gewachsen?

- Wie fühle ich mich gegenwärtig? Wie ist meine Lebensqualität?
- Wie ist mein Leben jetzt, was zeichnet es aus?
- Was erlebe, erfahre ich?
- Wohin entwickelt sich mein Leben?
- Was gelingt oder gedeiht?
- Worauf bin ich stolz? Wofür bin ich dankbar?
- Was passt gegenwärtig noch nicht? Was holpert oder stockt?
- Wo ist vielleicht eine Anpassung oder Verbesserung notwendig?
- Womit bin ich noch unzufrieden?
- Wo wünsche ich mir definitiv eine deutliche Veränderung?
- Wo gibt es gefühlt noch Widerstände, Reibungspunkte oder Schmerzpunkte?
- Was ist noch schwierig, innerlich oder äußerlich?
- Wo will ich weiter ansetzen, gestalten?

Die Coachees schauen auf ihr Leben, wagen einen klärenden Rundumblick. Sie begreifen es in seiner neuen Beschaffenheit. Sie stellen fest, welche Aufgaben sie gemeistert, welche Herausforderungen sie bewältigt haben. Sie reflektieren ihre persönliche Entwicklung, ihre neue Lebenssituation und resümieren, inwieweit ihr Leben an Sinn, Wert und Qualität gewonnen hat. Sie erkennen, wo sie persönlich gereift und gewachsen sind, und verstehen, wie sich dies auf ihr Leben und ihre Lebensgestaltung ausgewirkt hat. Bestimmt erkennen sie auch Schwachpunkte, Unzulänglichkeiten, Hemmnisse oder Klemmen. Alles bewusst wahrzunehmen, so wie es ist – das Leben, sich selbst, die eigene Entwicklung – fördert gleichzeitig das Annehmen dessen. Wenn die Coachees zu sich und ihrem Leben sagen können »Ja, so ist es. So bin ich, so ist mein Leben«, so entsteht daraus wieder eine neue Lust und Kraft sich weiterzuentwickeln.

Aus dem Resümee oder Zwischenfazit gewinnen die Coachees neue Erkenntnisse und Ansatzpunkte für die persönliche Weiterentwicklung und Lebensgestaltung. Die Coachees können einen neuen Gestaltungszyklus einleiten, den Lebensentwurf weiterentwickeln und anpassen oder sich dazu entschließen, Verwirklichtes erst einmal für bestimmte oder unbestimmte Zeit fortzuführen und zu bewahren, bis sich andere Bedürfnisse oder Herausforderungen zeigen und ergeben.

Es muss nicht sofort weitergehen. Auch wenn – oder besser: weil – die Gestaltung des eigenen Lebensentwurfs eine lebenslange Aufgabe ist, gehören Ruhe- und Mußezeiten genauso dazu.

Auch hier ziehe ich gern das Bild des Hausbaus heran. Stellen Sie sich vor, Sie planen und arbeiten Tag für Tag an einem Haus, nehmen sich aber nie die Zeit, während der Fertigung auch einmal die Hände in den Schoß zu legen und sich mit allen Sinnen daran zu erfreuen, was durch Sie entstanden ist. Weil Sie sich nur darauf konzentrieren, das Gestaltete immer weiter auszuarbeiten und zu optimieren, kommen sie nicht in den Genuss, wirklich darin zu leben. Das Haus als solches ist, so wie es dasteht, zwar sehr wertvoll, aber in gewisser Weise doch wenig wert, wenn es nicht mit Lebensfreude gefüllt und bewohnt wird.

Das Leben kann, will und muss also nicht unaufhörlich gestaltet werden. Zeiten, in denen das Leben einfach gelebt und erlebt wird, ohne besondere Absicht, in voller Präsenz und Zufriedenheit sind absolut notwendig. Wer das Leben nicht mit Freude genießt, verpasst, was er geschaffen hat.

Viele Coachees müssen in dieser Hinsicht komplett umdenken, zum Beispiel wenn sie sich zu stark auf eine Lebensplanung beziehungsweise ein musterhaftes, »perfektes« Leben fixiert haben.

Sehr beruhigend finde ich den Gedanken, dass die Gestaltung des eigenen Lebensentwurf niemals vollkommen und in sich abgeschlossen sein wird. Es wird immer Anreize, Möglichkeiten und Notwendigkeiten geben, sich persönlich weiterzuentwickeln oder Neues zu realisieren. Es wird immer Konflikte, offene Punkte und Baustellen geben. Nichts wird jemals vollkommen sein und vollendet werden. Jedes Leben beinhaltet Nichtgelebtes, Nichtgewagtes und Nichtgetanes. Jeder Lebensentwurf umfasst Erreichtes und Nichterreichtes, Gelungenes und Misslungenes, Bewältigtes und Unbewältigtes, Fortschritte und Rückschritte. Diese Erkenntnis ist für viele Menschen sehr heilsam.

Einfach einmal ein paar Gänge zurückschalten, fünf gerade sein lassen, die Dinge eine Zeit lang laufen lassen und das neue Leben – den momentanen Hochzustand – genießen, unliebsame Aufgaben, lästige Verpflichtungen, drängende Arbeiten für bestimmte Zeit einmal ruhen lassen … dazu darf und sollte jeder Lebensentwurf ausreichend Platz bieten.

Andererseits ist es dennoch wichtig, sich gerade dann, wenn es gut läuft, nicht zu sehr beziehungsweise zu lange zurückzulehnen und darauf zu achten, wann bestimmte Aktivitäten von Vorteil beziehungsweise erforderlich oder vonnöten sind. Gerade in »Hochzeiten« kann es zu heftigen Einbrüchen kommen, weil scheinbar unwichtige Dinge vernachlässigt oder hinausgeschoben wurde.

Seinen Lebensentwurf zu gestalten bedeutet auch, darauf achtzugeben und eigenverantwortlich Sorge zu tragen, dass es im Leben möglichst gut weitergeht.

Sie können mit Ihren Coachees gemeinsame Überlegungen anstellen:

- Welche Entwicklungen und Veränderungen wurden angestoßen?
- Wie zufrieden sind diese mit ihrem Leben?
- Was ist »gut« und darf nun »einfach gelebt« werden?
- Wo darf das Leben wurzeln, die Lebensfreude ausschlagen?
- Was erfordert noch Aufmerksamkeit und sollte nicht schleifen gelassen werden?
- Wie behält der Coachee sich und seine Lebensgestaltung im Blick?
- Wo ist noch Raum für Entwicklung? Wo ist noch viel Potenzial?
- Wo besteht noch Veränderungswille, -druck oder -lust?
- Was gilt es zu akzeptieren, anzunehmen?
- Welche neuen Ideen und Perspektiven kommen auf?
- Wie schaut der Coachee in die Zukunft?

Gerade am Anfang, wenn Coachees mit den Prozessen der Lebensgestaltung noch nicht vertraut sind und sie wenig Erfahrung damit haben, können sie sich zeitweise gestresst fühlen. Veränderungsprozesse anzustoßen kostet Kraft, insbesondere dann, wenn der Ausgang der Unternehmungen offen ist, sind sie stark gefordert.

Ein neuer Lebensentwurf ist vergleichbar mit einer Gleichung aus Bekannten und Unbekannten, deren Zusammenspiel und tatsächlicher Sinn und Wert sich erst zu späterer Zeit herausstellt. Bestehendes, Vertrautes und Neues werden zusammengebracht und verbunden, und es wird geprüft, ob eine passende Verbindung entsteht. Das klappt nicht immer auf Anhieb, manchmal gar nicht, manchmal schneller und viel wirksamer als gedacht. Manchmal entsteht etwas Wunderbares, mit dem man nicht gerechnet hat und staunt überwältigt. Gelegentlich entsteht etwas ganz anderes, das unerwartet herausfordert.

Mit der Zeit werden die Coachees damit vertraut. Sie lernen, Verschiedenes anzustoßen und auszuprobieren. Sie gewöhnen sich daran, dass nicht alles »aufgeht«, wie gewünscht, und erleben, dass doch jeder Schritt in irgendeiner Weise Sinn macht und etwas bewirkt. Sie wissen, dass alles, was sie tun, sich vielfältig auswirkt und stets Neues – neue Überlegungen, Schritte, Veränderungen – nach sich zieht. Sie folgen ihrer Intuition und vertrauen auf die Sinnhaftigkeit ihres Tuns. Sie akzeptieren das Tempo und die Dynamik ihrer Entwicklung. Sie stemmen sich nicht dagegen, akzeptieren unerwartete Wendungen und versuchen, die vorhandene Energie zu nutzen und (mit)gestaltend in den Fluss einzutauchen. Sie verfügen über eine gewisse, innere Gelassenheit, wohlwissend, dass es wieder ruhigere Zeiten geben wird. Sie surfen auf den Wellen des Lebens.

Wunderbar ist, wenn Sie als Coach nicht nur Freude an derartigen Veränderungs- und Transformationsprozessen wecken, sondern mit den Coachees hilfreiche Routinen zur Lebensentwurfsgestaltung etablieren können. Vielleicht möchten die Coachees eine eigene Methode für sich entwickeln, mit der sie ihre Lebensgestaltung schöpferisch begleiten und auch im Sinne der Selbstfürsorge im Auge behalten möchten. Ermutigen Sie Ihre Coachees in diese Richtung kreativ zu werden. Gute Möglichkeiten sind die folgenden Tools, von denen ich die 360-Grad-Reflexionen, Tagesimpulse, Portfolioarbeit und den Innensinn stärken noch ausführlicher beschreiben werde:

- »Lebensentwurf-Check« oder »Lebensentwurf-Follow-up«: feste Termine und Rituale für Rückschau, Vorschau und Status quo, zum Beispiel monatliches Jour fixe mit sich selbst
- Portfolioarbeit
- 360-Grad-Reflexionen
- Kalender und Tagebücher mit Selbstcoaching-Einheiten
- kreative Formen wie Collagenarbeit, Skizzenbücher, Sketchbooks
- stille Einkehr (»innere Inventur«), Innensinn stärken
- Yoga, Meditation
- Erfolgsteams, Mastermind-Gruppen, Circle of Support
- Workshops, Lektüre, Fortbildung, Coaching
- Alltagsanker und Rituale (zum Beispiel Tagesimpuls, Denkzettel, Spiegelnotiz, Bild- oder Coachingkarten, beispielsweise meine »75 Coachingkarten Den eigenen Lebensentwurf gestalten«).

UMSETZUNG: 360-GRAD-REFLEXIONEN

Mithilfe der 360°-Grad-Reflexionen können die Coachees feststellen, inwieweit sich ihr Leben ihrer persönlichen Reflexion und Einschätzung zufolge gewandelt hat. Hierbei besteht die Möglichkeit, auf verschiedenen Ebenen anzusetzen. Die Coachees können eine globale Betrachtung vornehmen und ihr Leben als Ganzes ansehen, verschiedene Lebensreiche partiell durchleuchten, einzelne Lebensbereiche oder ausgewählte Aspekte in den Blick nehmen. Dazu müssen Sie lediglich die Begriffe rund um die »Drehscheibe« austauschen. Abhängig davon, worauf sie den Fokus richten wollen, können Sie eine überblicksartige oder eine tiefgründige Rundschau vornehmen. Damit einhergehend können die Coachees ihre jeweilige Zufriedenheit ermitteln und Ansätze und Schlüsse für ihre Lebensgestaltung in Zukunft ableiten. Im Folgenden erhalten Sie für jede der genannten Betrachtungsebenen (global, partiell, substantiell) jeweils ein Beispiel.

Wenn Sie ausreichend Raum zur Verfügung haben, empfehle ich Ihnen, die Übung unter Einbeziehung des Körpers auf dem Boden durchzuführen. Dazu markieren Sie die einzelnen Segmente mit Seilen oder Klebebändern und legen ein Kissen ins Zentrum. Die Coachees können dann in der Mitte auf einem Sitzkissen Platz nehmen und sich von Position zu Position drehen. Moderationskarten und Stifte sollten dort ebenfalls bereitliegen.

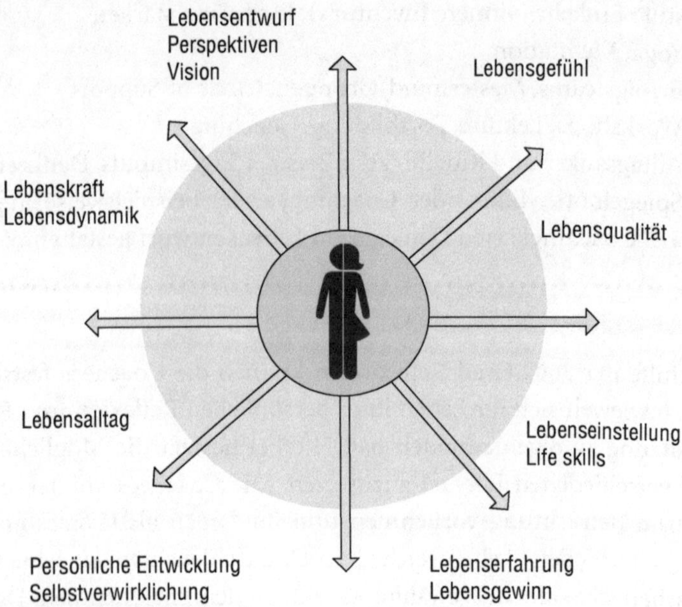

Beispiel: 360-Grad-Reflexion global

Sie starten, indem sich die Coachees dem ersten Feld zuwenden und innerlich folgenden Fragen nachgehen.

- Zustand:
  - Wie hat sich mein Leben gewandelt?
  - Was ist neu beziehungsweise anders?
  - Wie habe ich mich entwickelt?
- Erleben:
  - Wie empfinde ich das?
  - Wie zufrieden bin ich?
  - Wie erlebe ich mich?
- Konsequenz:
  - Was ergibt sich hieraus für die Zukunft?
  - Welche Schlüsse ziehe ich?

Wenn die Coachees möchten, können sie am Anfang oder zwischendurch immer wieder ihre Augen schließen, ein paar tiefe Atemzüge nehmen und ihr »neues« Leben vor dem inneren Auge wie einen Film ablaufen lassen. So können sie sich erst einmal ganz mit sich mit den Fragen beschäftigen und aus dem inneren Erleben heraus zu persönlichen Antworten kommen.

Einsichten, Gedanken und Ideen werden auf Karten notiert und in das jeweilige Feld gelegt.

Wenn Sie wenig Platz zur Verfügung haben, können Sie die Übung auch nur auf dem Papier machen. Im Online-Coaching können Sie die Grafik auf das digitale Whiteboard laden und die Coachees hineinschreiben lassen.

In der gleichen Weise werden die anderen Felder – die 360-Grad-Reflexion substanziell und partiell (s. Online Materialien) – bearbeitet.

HINWEIS: Die drei 360-Grad-Reflexionen finden Sie auch bei den Online-Materialien.

Danach können Sie sich darüber austauschen, gemeinsam eine Auswertung vornehmen und Bedeutsames zusammenfassen.

Eine hohe Zufriedenheit bei den 360-Grad-Reflexionen deutet darauf hin, dass die Coachees sich in positiver Weise mit gewissen Entwicklungen, Herausforderungen und Lebensumständen arrangiert haben und in der Lage sind, ihr Leben (oder einzelne Lebensbereiche) größtenteils ausgewogen, selbstbestimmt und gelingend zu gestalten. Veränderungen sind denkbar und möglich, aber keineswegs notwendig. Das Leben wird in seiner jetzigen Form angenommen.

Eine niedrige Zufriedenheit indiziert, dass die Coachees Schwierigkeiten mit gegebenen Verhältnissen haben und gewisse, persönliche Vorstellungen oder Erwartungen in Bezug auf die eigene Entwicklung oder das Leben (noch) nicht erfüllt sehen. Je nachdem, wie umgreifend und stark ausgeprägt die Unzufriedenheit ist, sind weitere Schritte und Maßnahmen in Erwägung zu ziehen.

UMSETZUNG: TAGESIMPULSE

Vielleicht möchten die Coachees für sich einen »Life Slogan« – also einen kurzen Sinn- oder Leitspruch – formulieren, mit dem sie sich selbst regelmäßig daran erinnern, im Zuge der Lebensgestaltung auch der Lebensfreude ausreichend Raum zu geben und ein eigenes Tempo zu wählen.

- Wachsen mit Wonne!
- Slow grow!
- Leben lenken, Leben lieben.
- Grow, flow and enjoy!
- Ruhen und Schöpfen.
- Rise and relax.
- Life matters.
- Leben – erleben!

Diese knackigen Weisheiten lassen sich mühelos im Alltag unterbringen, zum Beispiel in Form von selbstgemalten Wandbildern, beschrifteten Kerzen, gerahmten Postkarten, Kühlschrankmagneten, Tassenaufdrucken und so weiter. Spornen Sie die Coachees dazu an, kreativ zu werden.

- Wie möchten Sie sich selbst gezielt dazu anhalten, Ihr Leben freudvoll wahrzunehmen?
- Wie könnten Sie sich regelmäßig auf eine schöne, angenehme Art und Weise daran erinnern, Ihr Leben ausgewogen und bewusst zu gestalten?

Ein etwas längerer, selbst geschriebener Tagesimpuls, der morgens nach dem Aufstehen zum Einstimmen in den Tag still aufgesagt oder gesprochen wird, ist ebenfalls eine sehr schöne Möglichkeit. Nebenbei ist es ein kleiner Kurs in Sachen Selbstliebe und Achtsamkeit. Die Coachees lernen, jeden Tag als lebenswert anzusehen und anzunehmen und sich selbst bewusst auf Gutes und Freudiges auszurichten.

Heute ist ein neuer Tag,
um zu leben und mein Leben zu gestalten.
Ich bin dankbar, dass ich hier sein kann.
Ich habe so viele Möglichkeiten, und ich habe Zeit.
Herausforderungen begegne ich mit Gelassenheit.
Sie sind mein Lernfeld.
Ich bin großherzig und weich
zu mir selbst
und auch zu anderen Menschen.
Ich gestalte meinen Tag bewusst
und freue mich auf jeden
freudvollen Moment.

Eine weitere, wirksame Möglichkeit ist, sich zum Beispiel am Ende eines Tages bewusst für Erlebtes und Erfahrenes zu bedanken. Wer dankt, lenkt den Blick auf das Lebenswerte, das Positive, das persönlich empfangen und zuteilwurde. Dankbarkeit heißt auch: Ich erkenne an, statt zu bemängeln. Ich sehe, was ich erlebe und geschaffen habe, und verstehe, wo mir Menschen, Umstände oder Zufälle geholfen haben. Ich »beachte« das Schöne, das Gute, das Gelingende, Glückende.

Dazu lassen die Coachees ihren Tag vor dem inneren Auge nochmals Revue passieren und führen sich buchstäblich noch einmal die Fülle und den Reichtum des persönlich Erlebten vor Augen. Zum Beispiel können sie für jeden Finger ihrer Hand einen Grund zum Dankbarsein finden. Es müssen gar keine großen Vorkommnisse sein. Ein frischer Luftzug, ein aufbauendes Wort, ein gemeinsames Lachen, ein ruhiger Moment im hektischen Alltag … Kleine Geschehnisse und Augenblicke genügen oft schon, um das Leben wieder als Geschenk begreifen zu können.

WISSENSINSEL

Es wurde mittlerweile mehrfach wissenschaftlich nachgewiesen, dass bewusst praktizierte Dankbarkeit das persönliche Wohlbefinden fördert und sogar das Risiko mindert an bestimmten Erkrankungen zu leiden (wie zum Beispiel Herzerkrankungen).

Dankbarkeit hilft, das Leben im Ganzen (wieder) wahr- und anzunehmen. Negativem und Belastendem wird etwas entgegengesetzt, und so wird eine gesunde »Bilanz und Balance« herstellt. Sie schützt die Coachees davor, sich nur auf das zu versteifen, was nicht, noch nicht oder zu wenig ist. Dankbarkeit weitet den Blick und verweist auf die vielen Chancen und Möglichkeiten, in denen wir das Leben positiv erfahren können. Sie fördert die persönliche Ausgeglichenheit und Lebenszufriedenheit.

TIPP

Fragen Sie die Coachees im Coaching, wofür sie sich selbst danken. Diese Frage stärkt das Selbstbewusstsein und das Selbstvertrauen. Die Coachees bemerken, wo sie selbstwirksam etwas Positives ausrichten oder gestalten konnten, über welche Ressourcen und Gaben sie verfügen, um ihr Leben zu gestalten. Diese Einsicht erfreut und motiviert, in diese Richtung weiterzugehen.

Sie können Ihre Coachees einladen, parallel zum Lebensentwürfe-Coaching Portfolioarbeit zu betreiben. Damit können sie lernen, sich lebendig, freudvoll und beständig mit ihrem Lebensentwurf, ihrer persönlichen Weiterentwicklung und Lebensgestaltung auseinanderzusetzen.

UMSETZUNG: PORTFOLIOARBEIT

Die Coachees erhalten einen »offenen« Ordner, den sie mithilfe einiger Anregungen selbst gestalten und befüllen können.

In diesem Ordner halten die Coachees alles Wichtige und Wertvolle rund um den eigenen Lebensentwurf fest. Er bietet Platz für Erarbeitetes, Kreatives, Anstehendes und To-dos. Die Coachees können in freien Zeiten nach Lust und Laune darin arbeiten. Sie können sich verschiedenen Lebensbereichen zuwenden und sich mit ausgesuchten Fragen und Themen befassen, kreativen Zugänge wählen und spontanen Impulsen nachgehen. Es besteht die Möglichkeit Vorhaben zu formulieren, Entwicklungen und Prozesse zu dokumentieren, Seiten intuitiv zu gestalten, Künstlerisches einfließen zu lassen, Erinnerungsstücke einzubinden, Ideen zu skizzieren, Impulsen nachzugehen und vieles mehr.

Ein schöner Nebeneffekt ist, dass der Ordner selbst zu einem tollen (Er-)Zeugnis der Transformation wird. Die Coachees sehen anhand ihres Portfolios, wie vielfältig sie sich und ihr Leben verändert haben. Gleichzeitig überblicken sie gegenwärtige Entwicklungen, Aktivitäten und Vorhaben und sehen alles, was sie in Zukunft noch realisieren oder in Angriff nehmen wollen, klar vor sich.

Der Portfolioordner kann nach dem Coaching selbstständig weitergeführt werden und die Coachees in der Weiterentwicklung und »Pflege« ihrer Lebensentwürfe begleiten. Coachees können den Ordner auch mitbringen, wenn sie zum Beispiel nach einer längeren, zeitlichen Pause wieder eine Coachingsitzung wahrnehmen. Es gelingt dann leichter inhaltlich wieder anzuknüpfen.

Unter meinen Coachees gibt es einige, die sich diese freie, kreative und gleichzeitig strukturierte Art mit dem eigenen Lebensentwurf zu arbeiten, zu eigen gemacht haben und nicht mehr darauf verzichten möchten. Für sie ist Lebensgestaltung zu einer freudigen Gewohnheit geworden. Ich staune immer wieder über die Einzigartigkeit und die reiche Vielfalt, die sich in den Portfolios offenbart. Es sind in meinen Augen echte Kunstwerke. Lebensschätze.

Erleben heißt, sich und die Umwelt feinfühlend wahrnehmen, das eigene Leben achtsam, bewusst und sinnlich erfahren. Diese Fähigkeit können die Coachees trainieren, indem sie lernen, ihre Aufmerksamkeit zu leiten. Im Alltag passiert es nämlich leicht, dass sich die eigene Aufmerksamkeit schnell – und unter Umständen sogar ausschließlich – auf das richtet, was im Außen passiert. In der Folge speist sich die eigene Wahrnehmung aus diesem einseitigen Blickwinkel heraus. Das eigene Denken und Verhalten sind primär darauf ausgerichtet und damit beschäftigt, in irgendeiner Weise unmittelbar darauf anzuspringen und zu reagieren. Es wird schlichtweg vergessen, die eigenen Antennen zumindest hin und wieder bewusst auch nach innen – auf sich, das innere Empfinden und Befinden – und den Körper zu richten. Das hat zur Folge, dass die Coachees ihr Leben im Hier und Jetzt teilweise nur unbewusst, von sich persönlich und den eigenen Gefühlen abgekoppelt, mit einer gewissen Oberflächlichkeit wahrnehmen und gestalten.

UMSETZUNG: INNENSINN STÄRKEN

Eine tiefere Wahrnehmung ist möglich, wenn die Coachees lernen, einen Teil ihrer Aufmerksamkeit nach innen und einen Teil Ihrer Aufmerksamkeit nach außen zu lenken, wenn Sie lernen, Innen- und Außenwahrnehmung zu verbinden. Erfahrungsgemäß braucht es etwas Übung, einen guten »Innensinn« zu entwickeln.

SCHRITT 1: Bitten Sie die Coachees, bewusst für einige Minuten mit ihrer Wahrnehmung zu spielen. Sie sollen üben, einerseits den Raum um sich herum und alles, was darin vor sich geht, wahrzunehmen, und andererseits bei sich zu bleiben und ihr Inneres und ihren Körper erspüren.

- Was ist außen?
- Was ist innen?
- Wie geht es mir jetzt hier?
- Was bemerke ich innerlich?
- Was fühle ich, während ich …?
- Was empfinde ich körperlich?

SCHRITT 2: Fragen Sie die Coachees anschließend:

- Was verändert sich, wenn die eigene Aufmerksamkeit sich nicht nur auf das richtet, was im Außen ist?
- Was verändert sich, wenn die Aufmerksamkeit auch zu einem Teil nach innen gerichtet ist?
- Was ist, wenn Sie sich die Zeit geben, sich und Ihr Leben möglichst umfassend und bewusst wahrzunehmen?

SCHRITT 3: Die Coachees sollen diese Wahrnehmungsübung im Alltag in verschiedenen Situationen wiederholen.

SCHRITT 4: Wenn die Coachees diese Technik gut beherrschen, können sie üben, Automatismen, die sich im Denken und Verhalten eingeschliffen haben, wirksam zu unterbrechen, und zu neuen, proaktiven Denk- und Verhaltensweisen überzugehen. Dazu sollen die Coachees im Anschluss an die Wahrnehmungsübung ein paar weitere Atemzüge nehmen und innerlich Folgendes sagen: »Stopp! Wie würde ich mich jetzt, in dieser Situation, normalerweise verhalten? Was könnte ich nun stattdessen tun, zum Beispiel um mich zu erfreuen, diesen Moment zu genießen mein Leben positiv zu beeinflussen.«

Mithilfe dieser Technik können die Coachees ihr gegenwärtiges Leben reicher wahrnehmen und erleben, innere Reaktionsschleifen beenden, und ihr Leben zunehmend achtsamer und selbstbewusster führen. Das subjektive Lebensgefühl und die eigene Lebensqualität ändert sich schon allein dadurch, dass das »wirkliche« Erleben in den Fokus rückt und bewusst praktiziert wird. Das Leben hängt tatsächlich ab vom »Augenblick«.

Teil 3

Das Arbeiten am Lebensentwurf mit dem 6E-Modell

Verhältnis von Transformation und Exploration

Wenn Sie im Coaching mit dem 6E-Modell Modell arbeiten, dann achten Sie bitte darauf, dass Sie sich allen sechs Phasen mit ausreichend Sorgfalt, Gedankenreichtum und Tiefsinn widmen. Die ersten beiden Phasen – Erleben und Entwickeln – dienen vor allem dem Erfassen der persönlichen Situation, dem Erkennen und Verstehen von Wünschen, Bedürfnissen, Herausforderungen und Problemen. Diesen Prozess bezeichne ich als Exploration. Die sich anschließenden Phasen – Entscheiden, Entwickeln, Erleben – konzentrieren sich auf das Einleiten, Umsetzen und Erfahren von Veränderungen, die in Angriff genommen werden, um den angestrebten Lebensentwurf zu realisieren. Zusammen bilden sie den Prozess der Transformation. Persönliche Weiterentwicklung, Selbstverwirklichung und ein selbst eingeleiteter Lebenswandel sind im besten Fall die Folge.

Bitte stellen Sie sich diese Arbeit nicht als glatten Prozess vor, den Sie mit Ihren Coachees in gerader Linie »schnurstracks« durchschreiten. Es kann hilfreich sein oder notwendig werden, im Coaching in vorangehende Phasen wechseln. Denn es kann zum Beispiel sein, dass noch etwas Bedeutsames fehlt oder nicht ausreichend bedacht worden ist. Oder es zeigt sich, dass etwas Beabsichtigtes und Erarbeitetes doch nicht passt und besser nicht weiterverfolgt wird. Unter Umständen müssen ganz andere oder neue Lösungen für ein Problem gefunden werden.

Betrachten Sie dies nicht als Rückschritt, sondern als intelligenten, »unbedingt-erforderlichen« Sprung. Drängen Sie an solchen Punkten nicht stur weiter nach vorn, sondern entwickeln Sie innere Neugier und Bereitschaft, Dinge auch wiederholt infrage zu stellen und abermals zu überdenken. Sie können jederzeit in vorherige Phasen zurückspringen. Erkennen Sie Unsicherheiten und Unklarheiten an, geben Sie sich und Ihren Coachees die Freiheit, Fragezeichen hinter Prozesse zu setzen. Ansonsten kann es passieren, dass sie irgendwann aus allen Wolken fallen und vollkommen unnötig auf einem Holzweg oder in einer riesengroßen Baustelle landen. Denken Sie an eine Umleitung: Es mag vielleicht ein bisschen länger dauern oder in einigen Momenten lästig erscheinen, dafür kommen Sie auf Dauer aber entspannter voran.

Es ist es ganz natürlich, im Leben nicht immer nur vor-, sondern zeitweise auch zurückzugehen und spontane Sprünge zu machen. Das ist erlaubt – auch im Coaching. Versuchen Sie nicht, einen perfekten Durchmarsch zu machen. Lernen Sie lieber, (wie beim Lebensentwurf) Neues und Unvorhergesehenes flexibel zu integrieren und kreativ einzubinden.

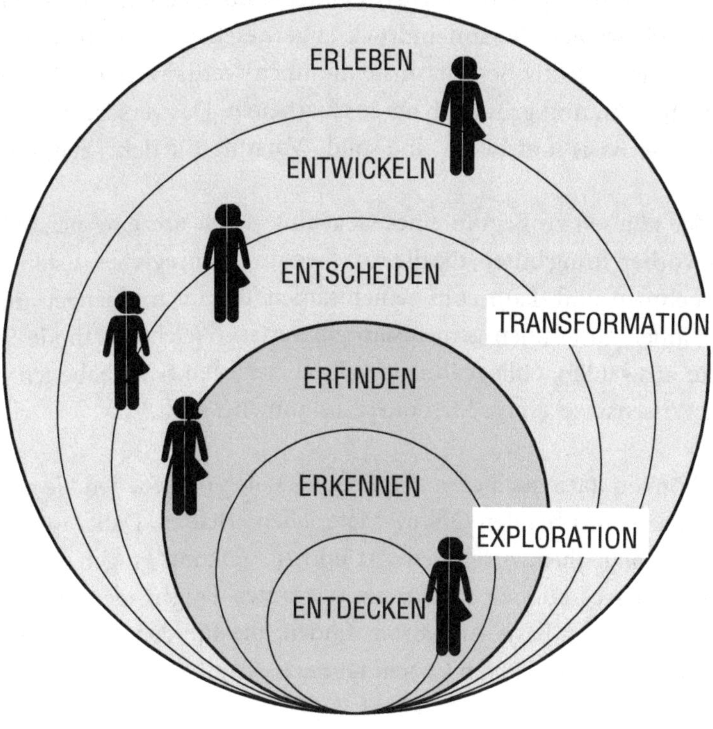

Zeitliche Dimensionen der Lebensentwurfsgestaltung

Um mit den Coachees einen Lebensentwurf entwickeln zu können, der ihrem Wesen und Selbstkonzept entspricht, ist es erforderlich, sich zunächst intensiv mit ihm oder ihr als Mensch, dem jeweiligen Leben, der persönlichen Lebensweise und Lebenseinstellung auseinanderzusetzen.

Da die Coachees im Coaching nicht alles über sich, ihre gesamte Lebenssituation und -geschichte bis ins kleinste Detail werden schildern können, Sie als Coach aber zur Entwicklung eines stimmigen und tragfähigen Lebensentwurfs dennoch auf einen authentischen und verlässlichen Gesamteindruck angewiesen sind, empfehle ich Ihnen das subjektiv Bedeutsamste in puncto Vergangenheit, Gegenwart und Zukunft gründlich herauszuarbeiten. Das verschafft Ihnen eine gute Basis und bildet eine solide Vorstufe für den Lebensentwurf.

Sie können zu Beginn eines Coachings auch um eine persönliche Vorbereitung bitten, die die Coachees in Eigenregie selbstständig vornehmen und dann zum gemeinsamen Termin mitbringen und mit ihnen zusammen gemeinsam auswerten. Welche Methode Sie dazu auswählen, obliegt Ihnen. Auf der nächsten Seite habe ich in der Wissensinsel einige Methoden zusammengestellt.

Sie können dazu auch gern den Fragenkatalog nutzen, den Sie zum Lebensentwurf bei den Online-Materialien erhalten. Dabei werden zur Vergangenheit, zur Gegenwart und zur Zukunft Fragen gestellt. Die Coachees können die für sie relevanten Fragen identifizieren und auf dieser Basis Antworten finden, die für den eigenen Lebensentwurf im weiteren Coachingprozess genutzt werden.

Wichtig ist, dass die Coachees eine umfassende und ehrliche Klärungsarbeit betreiben. Die Coachees sollen sich und ihr Leben reflektieren, sich ihrer Chancen, Potenziale und Möglichkeiten bewusst werden und ein mutiges, inneres Bild zum gewünschten Leben in Zukunft kreieren.

WISSENSINSEL

Folgende Methoden können Sie für die Klärungsarbeit einsetzen:

- Biografiearbeit
- Collage
- Visionboard
- Lebenspanorama
- Life Map
- Lebensbilderbuch
- Golden Circle (nach Simon Sinek)
- Lebensmosaik/-teppich
- Fragebogen (Lebensevaluation)
- geführte Meditationen (Lebensreise)

Die »gekoppelte« Betrachtung von Vergangenheit, Gegenwart und Zukunft verschafft Überblick, bringt Klarheit und Bewusstheit. Die Coachees erkennen, was in der Vergangenheit zufriedenstellend verlaufen ist und was nicht. Sie betrachten wichtige Lebenslinien, erkennen Errungenschaften, Versäumnisse. Sie kommen in Kontakt mit dem Gelebten, dem Gelungenen und Nichtgelungenen. Sie entwickeln ein Verständnis für das, was sie und ihr Leben im Wesentlichen ausmacht. Sie begreifen und spüren, wie es ihnen gegenwärtig geht, was sie in der Gestaltung ihres Lebens ausfüllt, was ihnen fehlt, was sie stört oder noch zu wenig Beachtung erfährt. Sie überlegen, was sein und was werden könnte, und sie machen aus, was sich ändern soll. Sie ergründen, welches Leben sie für sich in Zukunft gestalten können und möchten, und gelangen zu einer subjektiven Einschätzung, welche Veränderungen und Entwicklungen wünschenswert, angebracht oder notwendig sind. Sie entwickeln ein Gespür für das, was relevant ist und persönlich auf sie zukommt.

TIPP

Studieren Sie einmal die Biografien berühmter Persönlichkeiten: Leidenschaften zeigen sich in der Regel schon sehr früh und ziehen sich durch das Leben. Die Familie prägt und beeinflusst die spätere Entwicklung. Kindliche Nöte werden zu beruflichen Tugenden. Nichtgelebtes oder Unterdrücktes wird zum Abenteuer der Zukunft. Was schon in der Kindheit faszinierte, entfaltet sich bis ins hohe Alter. Und so weiter …

Vergangenheit, Gegenwart und Zukunft sind untrennbar miteinander verwoben.

Entdecken Sie die Verknüpfungen zwischen den zeitlichen Dimensionen. Je mehr die Coachees verstehen, wie sie sich selbst entwickelt haben, und sich darüber bewusst sind, wer sie sind und was aktuell ihre tiefsten Sehnsüchte, Bedürfnisse und Herausforderungen sind, desto kraftvoller und selbstbewusster können sie die Zukunft einleiten.

- Wie erklären sich die Coachees ihr Leben?
- Wie sind sie zu dem Menschen geworden, der sie heute sind? Inwieweit beeinflusst dies ihr Leben in Zukunft?
- Welche Sinnzusammenhänge lassen sich herstellen oder erkennen?
- Was möchten Sie in Zukunft erleben und gestalten?

Der Lebensentwurf steht für die erwünschte Lebensessenz. Er kondensiert, was persönlich wichtig und bedeutsam ist. Dabei kann ein neuer Lebensentwurf inkrementelle und/oder disruptive Veränderungen bewirken.

WISSENSINSEL

Inkrementelle Veränderungen konzentrieren sich darauf, Bestehendes zu modifizieren, anzureichern und weiter auszugestalten. Das Existente bleibt im Wesentlichen bestehen, wird aber überholt, aufgefrischt und zumindest teilweise erneuert oder ausgebaut. Beziehungen, Tätigkeiten, Strukturen und Abläufe werden aufgebrochen, mit anderem versehen und so auf ein neues Niveau gehoben.

Disruptive Veränderungen besitzen hohen innovativen Charakter. Bestehendes wird komplett oder aber in Teilen tiefgreifend verändert. Die Lebensgestaltung – Beziehungen, Tätigkeiten, Strukturen, Abläufe – verändern sich stark.

Damit die persönliche Transformation gelingt und sich die eigene Lebensgestaltung und das Lebensgefühl nachhaltig auf einem befriedigenden Niveau stabilisieren, sollte außerdem auf die Verhältnismäßigkeit und Gewichtung der vergangenheits-, gegenwarts- und zukunftsbezogenen Aktivitäten achtgegeben werden.

Coachees, die sich gedanklich und emotional vorrangig mit der Vergangenheit befassen und die Gegenwart sehr stark aus diesem »Erfahrungswinkel« heraus betrachten und gestalten, kann es beispielsweise schwerfallen, neue Perspektiven für eine veränderte Lebensgestaltung in Zukunft zu entwickeln. Sie nehmen dann Chancen und Möglichkeiten, die in diese Richtung gehen, kaum wahr. Coachees, die sehr stark in der Zukunft verhaftet sind und dazu neigen, persönlich Erlebtes und Erfahrenes schnell aus dem Blick zu verlieren, können Mühe haben, Dinge in der Gegenwart zu manifestieren. Coachees, die sich ausschließlich der Gegenwart widmen und Vergangenheit und Zukunft beiseiteschieben, können herausgefordert sein, Entwicklungen über längere Zeiträume verbindlich anzusteuern. Demzufolge ist es notwendig, die drei zeitlichen Dimensionen – Vergangenheit, Gegenwart und Zukunft – in den Lebensentwurf einzubeziehen. In mancher Hinsicht kann es notwendig sein, zurückzuschauen, in anderer Hinsicht ist der Blick nach vorn wichtig, und in manchen Situationen kann es angezeigt und vorteilhaft sein, sich vollkommen auf Gegenwärtiges zu fokussieren.

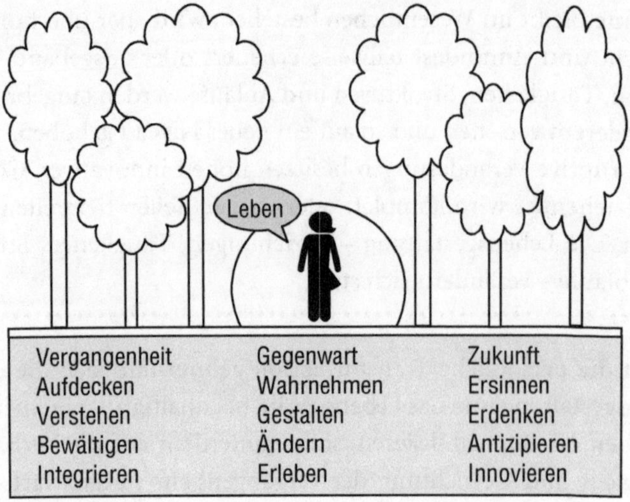

Finden Sie mit den Coachees heraus, wo diese selbstwirksam ansetzen können, möchten oder müssen, um ein freudvolles, lebenswertes Dasein gestalten und erfahren zu können.

Der größte Hebel ist und bleibt natürlich die Gegenwart. Was die Coachees heute tun, legt den Samen für das, was sie später erleben werden. Wenn die Coachees sich darüber bewusst werden, dass sie es in hohem Maße selbst sind, die ihre Gegenwart – und damit auch ihre Vergangenheit und Zukunft gestalten und letztlich immer in irgendeiner Weise positiv oder negativ Einfluss auf ihr Leben nehmen, dann können sie diesen Umstand auch bewusst nutzen. Sie können Tag für Tag, Minute für Minute und Sekunde um Sekunde neu entscheiden, bestimmen und wählen, wie sie leben.

Sie können an ihrer Vergangenheit festhalten und sie immer wieder in die Gegenwart ziehen. Oder sie können die Vergangenheit loslassen, Schmerzpunkte überwinden und in eine neue Richtung gehen. Sie können sorgenvoll in die Zukunft blicken oder sich auf eine spannende Zeit freuen. Kurz gesagt: Sie gestalten ihre Zeit erfüllt oder eben nicht. Ihr Leben folgt ihrem Fokus.

Lenken Sie im Coaching die Aufmerksamkeit daher immer auf die Möglichkeiten, die sich – auch in kleinsten zeitlichen Einheiten – immer wieder bieten. Dazu helfen folgende Fragen:

- Was kann ich heute – jetzt und hier – in dieser Sekunde tun, um mein Leben zu gestalten?
- Wie ist die Situation? Wie sind meine Wahlmöglichkeiten?
- Wie könnte ich mich verhalten?
- Welche innere Haltung könnte ich einnehmen?
- Wie will ich Einfluss nehmen?
- Was tue ich gegenwärtig, um mein Leben positiv zu beeinflussen?
- Worauf fokussiere ich mich?
- Wie gestalte ich meine Zeit?

TIPP

Manchmal ist es ein Narrativ, das die Coachees vom Leben abhält. Weil die Coachees dieses oder jenes erlebt haben, können sie nicht … Weil die Zukunftsaussichten unsicher sind, können sie nicht … Weil heute jenes passiert ist, können sie nicht … Hinterfragen Sie solche Narrative, durchaus ein wenig provokativ.

- Stimmt es wirklich?
- Können Sie nicht trotzdem, zumindest in Ansätzen?
- Wie wäre es ohne dieses Narrativ?
- Wie würden Sie dann leben?
- Wie könnte das Narrativ auch lauten? Was würde das ändern?
- Wie würden Sie Ihr Leben ohne Gedanken an das Kommende oder Geschehene gestalten?

Hieraus ergeben sich oft spannende Ansätze, die den Coachees helfen, sich in der Lebensgestaltung weiterzuentwickeln.

Sinn, Werte und Identität

SINNORIENTIERT LEBEN

Das Coachen von Lebensentwürfen ist eine komplexe, anspruchsvolle Aufgabe und erfordert in vielerlei Hinsicht ein überaus umsichtiges, sensibles Vorgehen aufseiten des Coaches und der Coachees. Sie wollen schließlich nicht leichtfertig und leichtsinnig »irgendeinen« Lebensentwurf entwickeln. Optimalerweise gelingt es, mit den Coachees einen Lebensentwurf zu erarbeiten, der ihnen wirklich entspricht und so einzigartig und vielschichtig ist wie sie selbst. Er sollte ihnen ermöglichen, weitgehend so zu sein, zu werden und zu leben, wie sie es sich zutiefst wünschen und in bester Weise für sich vorstellen können. Es geht darum, das erdenklich Beste, das potenziell Sinnvollste, Erfüllendste zu entwerfen und in Abstimmung mit der Lebenswelt zu verwirklichen.

- Was ist jetzt dran?
- Was ist wirklich bedeutsam?
- Wie will ich leben?
- Was will ich erfahren, gestalten?
- Was soll mein Leben bestimmen und ausmachen?

Das sind die zentralen Fragen, die sich im Lauf des Lebens immer wieder stellen und mit dem persönlichen Lebensentwurf beantwortet werden sollen. Der Lebensentwurf beschreibt die Entwicklung und Transformation, die die Coachees durch Veränderungen in der Lebensgestaltung herbeiführen wollen. Genau dies gilt es im Coaching herauszuarbeiten.

- Doch was ist wirklich sinnvoll und lebenswert aus Sicht der Coachees?
- Welches Leben können sie sich tatsächlich für sich vorstellen und mit Begeisterung führen?

- Was versprechen sie sich letztlich davon?
- Worin besteht der tiefere Sinn?

BEISPIELE AUS DER PRAXIS

- Marius ist Mitte 30, ein vielseitig talentierter Mensch, von Beruf Ingenieur, als Führungskraft gut positioniert. Er beschließt aufgrund eines interessanten Angebots, seine Anstellung zu wechseln und von Deutschland nach Österreich umzuziehen. Dort will er in landschaftlicher Idylle ein schönes Grundstück für sich suchen und ein architektonisch anspruchsvolles Haus planen. Ausgewählte Möbel möchte er selbst designen und anfertigen. Um dies tun zu können und nicht weiter überflüssige Überstunden zu produzieren, die sein Leben bisher stark dominiert haben, will er seine Arbeitszeit um stolze 20 Prozent reduzieren und im Arbeitsalltag neue Strukturen einziehen. Seine Sprunghaftigkeit in Beziehungen und das übermäßige »Tindern« will er unbedingt aufgeben. Eine lebendige Sexualität ist ihm dennoch wichtig. Er will herausfinden, ob ihm langfristig eher ein überwiegendes Junggesellenleben oder eine feste Beziehung und Familie entsprechen.
- Lea beschließt nach langer Bedenkzeit ihre bisherige berufliche Tätigkeit als Sportmedizinerin aufzugeben. Sie möchte in ein paar Jahren von musikalischen Tätigkeiten leben und beschließt, ihr Erspartes in eine Profiausbildung zu investieren. Sie möchte zusammen mit anderen Künstlern in ihrer Stadt regelmäßig kreative Straßenfeste organisieren und eine mobile Konzertbühne gründen. Außerdem will sie sich ihren Herzenswunsch erfüllen und eigene Stücke komponieren. Unbedingt will sie auch das Versteckspiel rund um ihre Homosexualität beenden und endlich öffentlich – auch im Kreis der konservativen Familie – offen zu ihren Liebesbeziehungen stehen. Sport und gesunde Ernährung sind für sie kein Problem, allerdings fällt es ihr oft schwer, das Leben wirklich zu genießen und mit gutem Gefühl für sich zu sorgen.

- Pete hat vor einem Jahr seine Frau durch eine schwere Erkrankung verloren. Er ist mit seinem Leben an sich zufrieden, fragt sich aber, was er im letzten Viertel seines Lebens machen soll. Weiter bis ins hohe Alter beratend für Unternehmen tätig sein, allein oder mit Freunden eine Weltreise planen, lieber eine Stiftung gründen? Seine Kinder sind erwachsen und haben ihm angeboten, zu ihnen in die Stadt zu ziehen und sich als Großvater mehr einbringen kann. Er weiß einfach nicht, was für ihn Sinn macht.

In der Praxis zeigt sich, dass sich viele Coachees noch nie ernsthaft und tiefgreifend mit dem Sinn des eigenen Lebens auseinandergesetzt. Viele haben sich die Zeit nie genommen, es nicht für wichtig befunden, eine tiefere Auseinandersetzung als unnötigen Psychokram abgetan und beiseite geschoben. Etliche sind bisher einfach nicht mit diesem Thema in Berührung gekommen. Vielleicht war es bislang unnötig. Es gab keinen Anlass, kein Erfordernis und kein großes Bedürfnis dem nachzuspüren, weil bis dato im Großen und Ganzen alles gepasst hat. Vielleicht wurden Entscheidungen über die Lebensgestaltung einfach aus dem Bauch heraus intuitiv richtig getroffen.

Coachees, die dem Sinn ihres Lebens noch nicht näher auf den Grund gegangen sind, können Schwierigkeiten haben, sich und ihr Leben auf etwas Bestimmtes auszurichten. Unter Umständen verfolgen sie keine höheren Ziele, für die sie sich einsetzen und auf die sich in ihrer Lebensgestaltung selbstbestimmt ausrichten können. Sie leben, ohne ihre wahre Lebensaufgabe und Bestimmung zu kennen. Sie ziehen aus dem, was sie tun und gestalten, keinen tieferen Wert, kein Gefühl der Erfüllung. Sie führen vielleicht ein gutes Leben, aber was ihnen fehlt, ist das Gefühl von Erfüllung, eine Vorstellung von der tieferen Bedeutsamkeit des eigenen Lebens. Sie verfolgen auch keinen bestimmten Lebensentwurf, sie leben mehr oder weniger unbestimmt.

Manche Menschen haben mit der Zeit aufgehört, den eigenen Lebenssinn zu hinterfragen oder haben das Interesse verloren, ihn zu gestalten und weiterzuentwickeln. Sie haben sich so an ihre Lebensumstände angepasst. Die Art, wie sie leben, arbeiten und zwischenmenschliche Beziehungen gestalten, wirkt mechanisch und leer. Vielleicht hat es sie früher beglückt, so zu leben. Doch mit der Zeit ertragen sie es mehr, als dass es sie trägt und beflügelt: ihr Leben.

In meinen Augen ist beim Coachen von Lebensentwürfen die Beschäftigung mit dem Lebenssinn unabkömmlich. Der Lebensentwurf steht letztlich für das, worin die Coachees eine tiefere Bedeutung für sich und ihr Leben erkennen. Er spiegelt die persönliche Lebenswahrheit und Identität der Coachees. Er verdeutlicht, was diese für sich und ihr Leben als sinnvoll erachten und anstreben. Der Lebensentwurf basiert auf dieser subjektiven Bewertung und Feststellung. Er beschreibt die Entwicklung, die Wahl, die die Coachees in verschiedenen Lebensbereichen für sich treffen. Der Lebensentwurf ist Ausdruck der persönlichen Bestimmung.

TIPP

Betreiben Sie im Coaching aktive Sinnforschung. Was verstehen die Coachees unter Lebenssinn? Welcher Lebensentwurf ergäbe gemäß dieser Definition maximal Sinn? Helfen Sie Ihren Coachees zu erkennen, wann sie sich selbst vollkommen zufrieden und glücklich erleben (würden), wozu sie sich innerlich bestimmt und berufen fühlen, wie sie Bedeutungsvolles in dieser Welt bewirken können und möchten. Lassen Sie die Coachees mutig und präzise formulieren, wie sie im Hinblick auf verschiedene Lebensbereiche konkret einen Sinn für sich sehen oder gestalten wollen. Fragen Sie nach: Was verstehen Sie unter erfülltem Dasein? Wozu wollen Sie leben, Ihr Leben nutzen und einsetzen? Was möchten Sie in dieser Welt bewirken? Was verstehen Sie unter Erfolg, Liebe, Entwicklung, Gesundheit? Was verstehen Sie unter sinnvollem beruflichen Wirken, Elternsein, Altern …? Was folgt daraus für den Alltag, für die Lebensgestaltung? Worauf wollen Sie Ihre Energie und Aufmerksamkeit lenken?

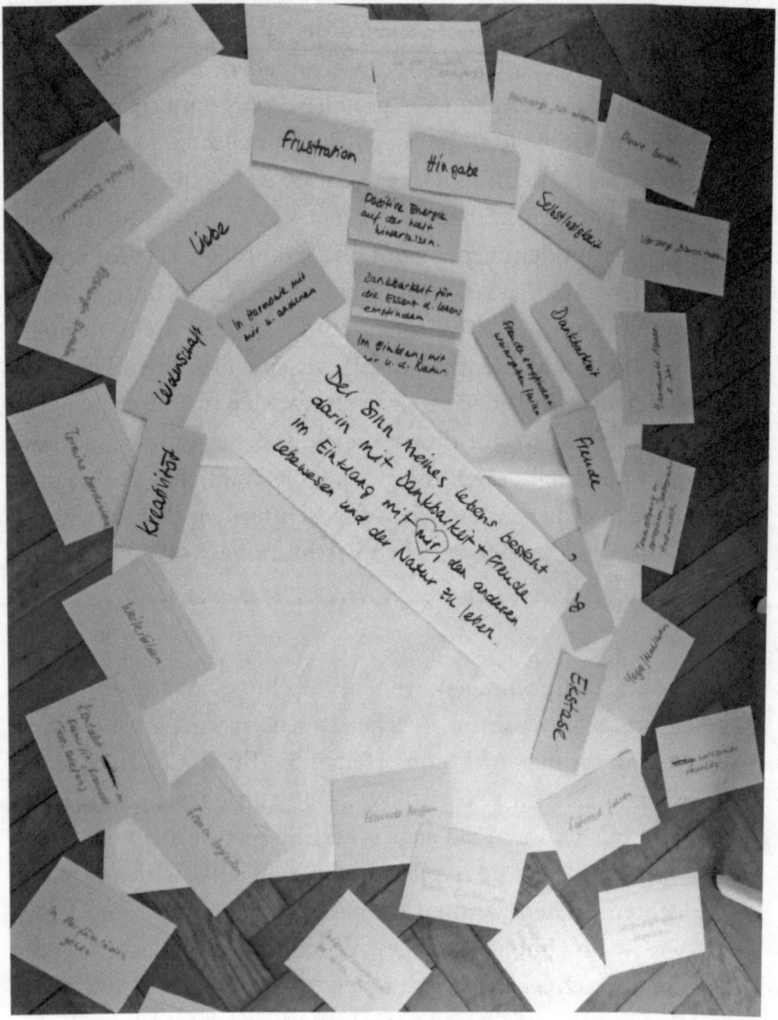
Frustration
Hingabe
Liebe
Positive Energie auf der Welt hinterlassen.
Selbstlosigkeit
In Harmonie mit mir u. anderen
Dankbarkeit für die Essenz d. Lebens empfinden
Dankbarkeit
Wissenschaft
Freude
Kreativität
Der Sinn meines Lebens besteht darin mit Dankbarkeit + Freude im Einklang mit mir, den anderen Lebewesen und der Natur zu leben.
Ekstase
Yoga/Meditation

TIPP

Mithilfe der »Find-your-Why«-Methode und dem von Simon Sinek entwickelten »Golden Circle« können Coachees, ausgehend von den eigenen Tätigkeiten, Erlebnissen, Erfahrungen und Tätigkeiten, den tieferen Grund des Lebens und beruflichen Wirkens jeweils präzise herausarbeiten und zukünftige Handlungen danach ausrichten. Die Coachees beschäftigen sich dazu zunächst intensiv mit den beiden Fragen »*Was* tue ich?« und »*Wie* tue ich es?«. Durch systematische Verdichtung und Konzentration gelangen sie schließlich zum Kern »*Warum* tue ich es?«. Das gefundene Warum, die persönliche Bestimmung, umreißt den Ausgangspunkt für sämtliche persönlichen Ziele und Handlungen.

Das »Problem« ist, dass viele Menschen genau anders herum leben. Sie bewegen sich hauptsächlich im Außen. Das heißt, sie wissen zwar, was für ein Leben sie führen, vielleicht noch, wie sie es führen, aber nur sehr selten warum. Im Coaching drehen Sie diesen Prozess um: Sie bestimmen erst das Warum und kümmern sich danach um die jeweilige Ausgestaltung. Die Coachees gestalten ihr Leben von »innen nach außen« und bemühen sich, das jeweils Sinnvolle, Beste im Außen hervorzubringen.

Manches schenkt beständig Sinn, anderes nur für bestimmte Lebensperioden oder innerhalb bestimmter Beziehungen. Mit dem Eintritt in neue Lebensphasen und -aufgaben verschiebt sich meist der Fokus. Es entwickeln sich neue Möglichkeiten und Prioritäten. Anderes rückt in den Mittelpunkt oder wird urplötzlich entdeckt. Oder Coachees sind älter geworden, haben an Erfahrung und Weisheit gewonnen und stehen vor ganz neuen Aufgaben und Herausforderungen. Werte, die lange vertreten wurden, beginnen sich zu verlagern. So entwickeln viele mit der Zeit einen anderen Blick auf das Leben und ihnen steht sprichwörtlich der Sinn nach etwas anderem.

Das ist in Ordnung. Der Lebenssinn darf ebenso wie der Lebensentwurf selbst jederzeit neu definiert, kreiert und ausgestaltet werden. Unterstützen Sie Ihre Coachees darin, eine freie Wahl zu treffen und ihre Ziele, Wünsche und Bedürfnisse nach persönlichem Wachstum und Weiterentwicklung zu einem stimmigen Lebensentwurf zusammenzufassen. Schaffen Sie eine sinnvolle Ausgangsbasis, die ihnen ermöglicht, in der eigenen Lebensgestaltung schöpferisch tätig zu werden und eine tiefe Liebe zu sich und dem eigenen Tun zu entwickeln.

Bedenken Sie jedoch, dass die Coachees in dieser Hinsicht keinerlei Maßstäbe oder Erwartungen erfüllen. Sie entscheiden selbst, wie erfüllend sie leben und inwieweit sie sich in ihrem Leben Erfüllung zugestehen wollen. Vermitteln Sie ihnen das Gefühl zu genügen, ganz gleich, wie sie sich und ihr Leben entwickeln. Sie müssen niemandem etwas beweisen, weder sich selbst, noch anderen.

BEISPIELE AUS DER PRAXIS

- Tom setzt alles daran, die Gesundheit des Planeten zu erhalten. Er hat visionär ein eigenes Unternehmen gegründet, welches Start-ups unterstützt, die Alternativen zur Plastikherstellung erforschen und entwickeln. Mit seinen Kindern verbringt er viel Zeit in der Natur, gestaltet den eigenen Garten und führt lebendige Diskussionen auch auf politischer Ebene zum Thema Gemeinwohlökonomie. Sein großes Ziel ist es, die Abschaffung von Plastik in Deutschland herbeizuführen. Im Alter möchte er in einem Tiny House in den Bergen leben und sich selbst versorgen.
- Mala ist glücklich, wenn sie sich kreativ betätigen kann. Früher als Grafikerin einer großen Werbeagentur, mittlerweile als Mutter in der Elternzeit. Zunächst war sie unglücklich und fühlte sich in der Kindererziehung und Betreuung unterfordert. Dann entschied sie sich, im Internet ein Portal für »kreatives Elternleben« zu gründen. Dort können Eltern Ideen zu abwechslungsreicher

Freizeitgestaltung, bunte Kochrezepte und erprobte Erziehungsmethoden austauschen. Daran angebunden wird sie in Zusammenarbeit mit einer städtischen Behörde im kommenden Jahr einen Stadtführer für Eltern publizieren.

- Ole liebt nichts mehr, als die Welt zu bereisen, und lebt fast das ganze Jahr über aus dem Koffer. Seine frühere Frau hat ihn verlassen, ihr war partnerschaftlicher Zusammenhalt und gemeinsame Zeit sehr wichtig. Die Trennung hatte ihm zu schaffen gemacht. Er hatte Angst, als einsamer Wolf durch die Welt zu ziehen. Seit ein paar Jahren ist er neu liiert mit einer Frau, die beruflich ebenfalls viel unterwegs ist und reist. Sie ist eine international gefragte Make-up-Artistin. In ihrer gemeinsamen Zeit porträtieren sie Menschen und organisieren beliebte Fotoausstellungen. Was sie beide verbindet und wofür sie beide brennen, ist das Thema Gesichter.
- Eva hat einen extrem gut bezahlten Job als Top-Anwältin in einer großen Bank und das Ende der Karriereleiter erreicht. Sie hat keine Kinder, reist viel, pflegt einen gehobenen Lebensstil, ist dankbar für gute Freunde und doch nicht wirklich glücklich mit ihrem Leben. Erst ein Coaching bringt sie dazu, mutig über ihren wahren Lebenstraum zu sprechen. Sie möchte im Ausland gern eine Stiftung gründen, die Frauen in ärmlichen Lebensverhältnissen materiell und immateriell unterstützt, sich beruflich selbst zu verwirklichen.

Inwieweit das eigene Leben als sinnhaft erlebt und gestaltet wird, hängt von der subjektiven Bewertung und Fähigkeit der Coachees ab. Sie entscheiden, inwieweit sie von der Möglichkeit Gebrauch machen, einen Sinn für sich zu kreieren, und inwieweit sie ihr Potenzial und ihre persönlichen Freiheit nutzen, das eigene Leben erfüllend und sinnhaft zu gestalten.

Ich bin ganz davon überzeugt, dass Menschen, die ein sinnorientiertes Leben gestalten, hierdurch nicht nur und nicht in erster

Linie Sinnvolles für sich generieren, sondern in mindestens demselben Maß auch für andere Menschen, Lebewesen und diese Welt. Ich bin überzeugt, dass sich der Lebenssinn immer auch daraus speist, in irgendeiner Weise etwas universell Sinnvolles und Nützliches zu tun. Menschen, die sich selbst verwirklichen, tragen direkt oder indirekt dazu bei, dass andere Menschen sich ebenfalls in ihrem Leben leichter verwirklichen können.

Persönliche Weiterentwicklung ist wichtig, und das eben nicht nur für sich selbst und das eigene Wohlbefinden, sondern auch für andere Menschen. Menschen, die sich trauen, das einzigartige Leben zu führen, das sie führen möchten, berühren, inspirieren und ermutigen damit andere. Entwicklungen können Entwicklungen also gleichermaßen bei anderen freisetzen und sich zu co-evolutionären, co-kreativen Prozessen zusammenschließen. Auch aus diesem Grund ist es so wichtig, nach Möglichkeiten zu suchen, am eigenen Lebensentwurf zu arbeiten.

Doch nicht jeder Mensch traut sich, das Leben, nach dem er sich sehnt, zu gestalten. Nicht jeder gibt sich selbst die Erlaubnis und macht sich dieses Geschenk. Für viele ist es selbst mithilfe von Coaching noch ein gewaltiger Schritt: Ja zu sich zu sagen, zu eigenen Träumen, Zielen, Wünschen, Bedürfnissen.

Manchen hilft es, eigene Gaben als Aufgaben zu begreifen und sich selbst dahingehend selbst zu verpflichten, die eigene Lebensgestaltung nicht nur auf das persönliche Wohl auszurichten, sondern auch zu einem höheren Wert und Zweck.

TIPP

Fragen Sie Ihre Coachees, worin ihr ganz persönlicher, sinnvoller Beitrag für diese Welt besteht: »Wie tragen Sie mit Ihrem Sein und Wirken dazu bei, das Leben in dieser Welt zu verbessern?« Lassen Sie sie spontan den folgenden Satz vervollständigen: »Durch mich wird das Leben in dieser Welt …« (s. Abbildung auf der nächsten Seite).

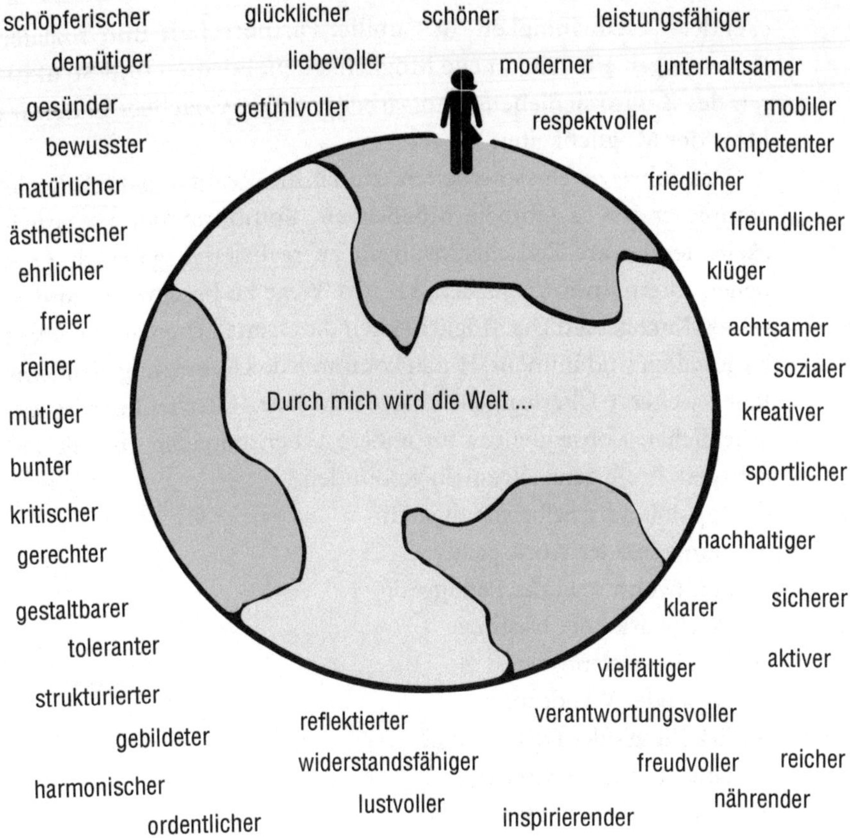

Ein sinnvolles Leben lässt sich auf vielfältige Weise gestalten. Mit der Definition des persönlichen Lebenssinns wird für die Coachees eine Grundrichtung erkennbar. Sie gelangen zu einer groben Vorstellung, wozu sie ihre Begabung, ihre Fähigkeiten und Ressourcen einsetzen und in die Lebensgestaltung einfließen lassen wollen.

Nichtsdestotrotz geraten Coachees, auch wenn sie ihr Leben sinnorientiert ausrichten, immer wieder in einen ambivalenten Zustand und fragen sich, welchen Weg sie denn nun konkret einschlagen sollen. Sie kämpfen mit wegweisenden Lebensentscheidungen. Lebens- und Arbeitswelten verändern sich in beeindruckender Geschwindigkeit, in Familie, Partnerschaft und sozialen Beziehungen entstehen neue Möglichkeiten, Formen und Strukturen des Zusammenlebens und -arbeitens. Die Coachees baden im Meer der Möglichkeiten.

Das führt zu Unsicherheiten, zumal die Realität natürlich viel komplexer ist. Es gibt die Möglichkeit, Kombimodelle zu entwickeln, temporäre Zwischenlösungen zu realisieren, gänzlich nach neuen Alternativen zu suchen, kreative Wege zu beschreiten und so weiter. Kurz gesagt: Die Möglichkeiten die eigene Lebenswirklichkeit zu gestalten sind immens. Hinzu kommt: Jede Überlegung zieht eine Reihe weiterer Überlegungen nach sich. Jede Entscheidung ist mit erheblichen Konsequenzen für andere Lebensbereiche und die Lebensgestaltung ganz allgemein verbunden.

- Top-Job oder Selbstständigkeit?
- Nomade oder Workspace?
- Stadtwohnung oder Landgrün?
- Patchwork oder Nesting?
- Kita oder Nanny?
- Yoga oder Wandern?
- Erholung oder Fortbildung?
- Umbau oder Weltreise?
- Sparen oder spenden?
- Theater oder Demo?
- Botox oder Fasten?

Viele Coachees sind überfordert von der komplexen Vielfalt und der Vielzahl an Handlungsmöglichkeiten, die sich mit jedem Weg und jeder einzelnen Option – auch in der Verschränkung – ergeben. Was wollen, was sollen sie wirklich leben? Sie sind hin und her gerissen zwischen Träumen, Visionen, Chancen, Bedürfnissen, Angeboten. Jedes Szenario birgt in gewisser Weise Vor- und Nachteile, besitzt einen gewissen Reiz und Wert und wird gedanklich durchgespielt.

Die Folge: Sie verlieren die Orientierung im »Multioptions-Lebensentwurfs-Dschungel«. Sie fragen sich, welcher Idee sie folgen, nach welchen Maßstäben sie leben und worauf sie ihren Lebensentwurf stützen sollen. Je intensiver sie sich gedanklich mit den Möglichkeiten, Auswirkungen und Folgen potenzieller Lebensentwürfe auseinandersetzen, desto unsicherer werden sie und umso schwerer fällt es Ihnen, eine beherzte Auswahl und Entscheidungen zu treffen. Jeder Lebensentwurf, den sie sich vorstellen, weist attraktive Vorzüge, aber gleichzeitig Erschwernisse und Gefahren auf. Findet dahingehend eine übermäßige oder perfektionistisch angetriebene Auseinandersetzung statt, kann sich ein Gefühl der totalen Überforderung einstellen. Alles erscheint wahnsinnig kompliziert.

Es kann so weit gehen, dass die Coachees sich fragen, ob es nicht besser wäre, alles beim Alten zu belassen und gar keine Veränderungen einzuleiten. Oder aber es werden Vorschläge gemacht, bestimmte Entscheidungen hinauszuschieben, um alles nochmals gründlich durchdenken zu können, vielleicht auch, bis sich ein besserer Entwurf oder endgültige Lösungen aufgetan haben.

In dem Zusammenhang lässt sich feststellen, dass die Entscheidung für einen Lebensentwurf selbstverständlich niemals überstürzt und leichtfertig, sondern immer mit Umsicht und Bedacht getroffen werden sollte. Wenig förderlich ist allerdings, wenn die Coachees vom Denken ins Grübeln und damit ins »Zerdenken« verfallen, bis sie nicht mehr imstande sind, ihrer Intuition zu vertrauen und eine überzeugte Entscheidung zu treffen. Die Angst vor einer falschen oder zumindest suboptimalen Entscheidung ist dann so groß, dass sie in eine Handlungsstarre verfallen und schlimmstenfalls überhaupt keine Entscheidung treffen. Im Zustand dieser Aktionsunfähigkeit blockieren sie sich natürlich zweifellos selbst, weshalb dieser im Coaching möglichst zu vermeiden ist.

WISSENSINSEL

Wenn Menschen infolge übermäßigen Analysierens nicht mehr in der Lage sind, eine Entscheidung zu treffen, oder diesen Prozess hinauszögern oder ganz vermeiden, wird von einer Entscheidungsparalyse gesprochen. Dieses Phänomen wurde vom amerikanischen Ökonomen Jack L. Knetsch in einer Studie (Knetsch 1989, Mai/Rettig 2012) untersucht. Er fand heraus, dass Menschen im Zweifel eher dazu tendieren, an einer getroffenen Entscheidung und an bestehenden Situationen festzuhalten. Entwicklungsbiologisch wird dieses Verhalten oft mit der Angst vor »Extinct by instinct« erklärt, also der Angst, aufgrund einer eilig getroffenen, falschen Entscheidung in eine lebensbedrohliche Situation zu geraten.

Von Verlustaversion spricht man, wenn Coachees dazu tendieren die Verluste, die sie infolge der Umgestaltung des bestehenden Lebensentwurfs erwarten, im Verhältnis gesehen viel höher bewerten als die vermuteten positiven Erlange und Gewinne.

Die Decidophobie dagegen ist eine spezifische Angststörung. Sie tritt in der Regel in Verbindung mit anderen Angsterkrankungen auf und beschreibt eine generelle, durchgängig ausgeprägte Entscheidungsunfähigkeit. Dahinter steht die Angst vor Fehlern. Ein ausgebildetes Vermeidungsverhalten, welches negativ in verschiedene Lebensbereiche hineinwirkt, sowie einen hoher Leidensdruck und eine geminderte Lebensqualität sind charakteristisch.

Es kann hilfreich sein, dass sich die Coachees die unendliche Vielfalt an Möglichkeiten bewusst machen, den eigenen Lebensentwurf zu gestalten. Das Leben ist so vielfältig und facettenreich, dass es immer eine Fülle von Möglichkeiten geben wird, sich und das eigene Leben weiterzuentwickeln. Mit dieser Problematik beziehungsweise Freiheit werden die Coachees immer wieder konfrontiert werden. Sie werden sich ständig in der Situation befinden, aus Chancen, Perspektiven, Optionen und anderem auswählen zu können beziehungsweise zu müssen. Gleichzeitig ist es unmöglich, sich und sein Leben in alle Richtungen zu entwickeln und alles zu (er)leben. Aus diesem Grund ist es sinnvoll, sorgsam abzuwägen und wegweisende Entscheidungen über das Leben in Zukunft zu treffen. Dabei unterstützt das Coaching. Das Ergebnis dieser Entscheidungen ist der zum Coachee passende Lebensentwurf.

Wenn es den Coachees schwerfällt, selbstbestimmte Entscheidungen zu treffen, können sie im Coaching daran arbeiten, die persönliche Entscheidungsfähigkeit zu trainieren.

Viele Coachees haben noch nie mit jemandem konkret und in aller Offenheit darüber gesprochen, wie sie am liebsten leben möchten und ihre Ziele, Absichten und Bedürfnisse dementsprechend transparent und klar formuliert. Dies zu tun ist jedoch überaus wichtig. Ich bezeichne diese Situation gern als magischen Moment, denn in dem Moment, in dem sich Coachees ihre Situation ehrlich beleuchten, klar benennen und das persönlich Lebenswerte vor Augen sehen, entfaltet eine ganz besondere Kraft und Dynamik. Denn gerade dann, wenn sie frei aussprechen und klar ausdrücken, wie sie persönlich leben möchten, wird ihr Lebenswunsch »wirklich«. Er wird im Leben der Coachees präsent. Sobald dieser Wunsch ausgesprochen ist, verändert sich die Realität.

WERTORIENTIERT LEBEN

Was ist lebenswert – für mich? Darum geht es letztlich. Im Coaching helfen Sie den Coachees, genau das herauszuarbeiten, indem Sie sich gemeinsam eindringlich mit dieser Frage beschäftigen, die hinter allen Überlegungen steht. Der Zusatz »für mich« ist hierbei entscheidend, denn lebenswert ist grundsätzlich sehr vieles, doch die wortwörtlich alles entscheidende Frage ist tatsächlich, was für den Coachee ganz persönlich von Wert ist. Es ist die Wertehaltung, die individuelle Matrix aus persönlichen Werten, die bestimmt, welches

Leben die Coachees entschieden realisieren wollen. Die Werte bieten die so wichtige Orientierung, die sie befähigt, ihr Leben eigenmächtig, unabhängig und selbstbestimmt auszurichten und zu gestalten.

- Es mag Sicherheit und Wohlstand bieten, bei guter Bezahlung angestellt zu sein, aber wenn das Arbeitsverhältnis persönlichen Werten wie Vielseitigkeit und Ehrlichkeit entgegensteht, wird es wenig beglücken.
- Es mag vielleicht bequem und entspannter sein, keine Fortbildung für die eigene Fachgruppe zu entwickeln, aber wenn es ein wichtiger Lebenswert ist, andere Menschen zu inspirieren und Wissen weiterzugeben, ist die Entscheidung glasklar.
- Es mag Flexibilität und Freiheit bringen, sein Kind sehr früh in die Kita zu geben. Doch was, wenn Fürsorge und familiärer Zusammenhalt wichtige Werte sind?
- Es mag Zeit und Geld sparen, Fast Food zu konsumieren, doch wenn Gesundheit, Nachhaltigkeit und Universalität wichtige Werte sind, ist diese Art sich zu ernähren nicht lebenswert.
- Es mag verlockend erscheinen, sich anzupassen und Konflikte herunterzuspielen, aber wenn Authentizität und Selbstbestimmung die eigene Lebensweise leiten sollen, gibt es nur einen Weg.

Überlegen Sie sich gern ein paar weitere Beispiele mit unterschiedlichen Wertehaltungen, und klären Sie, inwieweit diese den Ausschlag für die eine oder andere Lebensweise geben können.

Die Wertehaltung liefert wertvolle Hinweise, was individuell lebenswert ist und erscheint, und was persönlich wichtige Lebensinhalte und -aufgaben sind. Hieraus ergibt sich die Richtung, in die sich die Coachees mit ihrem Lebensentwurf proaktiv bewegen wollen beziehungsweise sollten.

Nutzen Sie dazu die Übersicht der Werte bei den Online-Materialien. Sie können den Wertekatalog ausdrucken und direkt im Coaching einsetzen..

TIPP

Welchen Werten folgen? Folgende Methode kann helfen, eine authentische Wahl zu treffen. Lassen Sie die Coachees verschiedene, aus ihrer Sicht denkbare, zur Wahl stehende lebenswerte Szenarien aufmalen oder skizzieren, sodass sie nebeneinander stehen und die markantesten Unterschiede deutlich werden. Danach sollen die Coachees die unterschiedlichen Szenarien (Entwürfe) mit Werten in Verbindung bringen – sozusagen »belegen« – und überlegen, welche Wertehaltung ihnen persönlich am meisten entspricht. Häufig kommt es hierbei zu weiteren neuen Ideen und Ansätzen, wie die eigenen Werte noch besser verfolgt werden können.

Entscheidungskonflikte und -schwierigkeiten können mit unbewussten, unklaren Werten zusammenhängen, einer großen Wertevielfalt entspringen oder auf unvereinbare oder konkurrierende Werte zurückgehen. Nicht immer sind die Werte eindeutig und kompossibel gelagert. Verstrickungen, Umwege oder Fehlentscheidungen in der Lebensgestaltung können die Folge sein, insbesondere, wenn kein sorgfältiges Abwägen und keine persönliche Einordnung erfolgt. Folglich ist eine gewisse Wertekompetenz grundlegend. Dazu gehört die Fähigkeit, Werte gegenüberzustellen, sie auszuweiten oder wohlbedacht zurückweisen zu können. Freilich lassen sich nicht immer alle persönlich bedeutsamen Werte vollkommen zufriedenstellend unter einen Hut bringen und gleichermaßen berücksichtigen. Oft ist Kreativität vonnöten, um zu einem überzeugenden, authentischen und in sich weitgehend schlüssigen Gesamtkonzept zu kommen.

BEISPIELE AUS DER PRAXIS

- Für Isabell sind Selbstausdruck, beruflicher Erfolg, Fitness und mütterliche Präsenz wichtige Werte. Nachdem sie sich jahrelang in ihrer Branche hat durchkämpfen müssen, bekommt sie endlich ein aussichtsreiches, auf die Dauer von zwei Jahren befristetes Projekt angeboten. Auch wenn es ihr die Entscheidung durchaus schwerfällt, erkennt sie die große Chance und entschließt sich, es durchzuziehen. Die Kinder wird sie zwar nicht mehr wie gewohnt größtenteils selbst versorgen können, aber sie hat es sich zur Aufgabe gemacht, eine liebevolle Leihoma zu suchen.
- Jürgen ist ein außergewöhnlicher Friseur, hat ein Faible für Schönheit und kunstvolle Ästhetik. Aber er fühlt sich oft unterfordert. Männlichkeit ist für ihn ein hoher Wert. Schon lange überlegt er, wie er in seiner Tätigkeit mehr Raum dafür schaffen kann. Dann kommt ihm die zündende Idee: Er will in Zukunft Mini-Workshops in seinem Salon anbieten, in denen Männer aller Altersstufen sich in vertrautem Rahmen mit ihrer männlichen Identität beschäftigen und einen originellen Haar- und Bartlook kreieren können. Wenn das Konzept gut angenommen wird, will er eine lizensierte Fortbildung zum Thema für andere Friseure anbieten.
- Anna und Leander sind sehr naturverbunden und haben eine Agentur für nachhaltiges Reisen gegründet. Monatlich ausreichend Einnahmen zu generieren gehört zu den ungeliebtesten Herausforderungen. Eines Tages bekommen sie das lukrative Angebot, ihr Konzept an einen international bekannten Reiseveranstalter anzubinden. Er möchte seinen ansonsten nicht sehr umweltbewussten Angeboten etwas entgegenstellen und so sein Image aufbessern. Auch wenn sie das Geld sehr gut brauchen könnten, sagen Anna und Leander ab. Lieber wollen sie ihr kleines, aber feines Angebot beständig ausbauen und mithilfe eines innovativen Finanzierungskonzepts ein eigenes Reiseportal für grünes Reisen inklusive einer Suchmaschine für »Sustainable Hotels« entwickeln.

Achten Sie auf die Kongruenz von Lebensentwurf und Lebenswerten, wenn Sie mit den Coachees arbeiten. Entwickeln Sie ein stabiles, handlungsleitendes Wertesystem, das ihnen hilft, selbstbewusste, zukunftsgerichtete Entscheidungen zu treffen. Andernfalls besteht die Gefahr, dass diese an dem, was ihnen persönlich wichtig ist, »vorbeileben« und etwas gestalten, das ihrem Selbst wenig entspricht und insbesondere auf Dauer wenig lebenswert für sie ist.

WISSENSINSEL

Grundsätzlich sind Werte eng mit der eigenen Lebensgeschichte, Identität und Persönlichkeit verbunden. Entgegen früheren Auffassungen, demzufolge persönliche Werte und Wertehaltungen zeitlich und situationell nahezu absolut stabil fortbestehen, zieht die psychologische Forschung im Sinne eines dynamischen Verständnisses inzwischen auch eine relative Stabilität in Betracht. Demzufolge erfolgt zwar keine beziehungsweise nur sehr selten eine Wandlung ad-hoc. Es besteht zum Beispiel im Vergleich zu Einstellungen eine beachtliche Persistenz und Stabilität. Dennoch wird mittlerweile davon ausgegangen, dass es durch anhaltende Veränderungsimpulse über einen längeren Zeitraum hinweg zu einer kognitiven Neuinterpretation und Reorganisation bedeutender Schemata kommen kann. Werte können sich unter bestimmten Voraussetzungen also durchaus wandeln.

Wenn ein Mensch beispielsweise über viele Jahre hinweg immer wieder wechselnde, nur kurz andauernde Kontakte – häufig wechselnde Anstellungen, unterschiedliche Lebensmittelpunkte, kurze Freundschaften … – hatte, kann es sein, dass sich die Werte »Vielfalt« und »Spaß« langsam erschöpfen und durch die gesammelte Erfahrung an Anziehung und Bedeutung verlieren. Kommen zusätzlich aus der Umwelt dann noch beständig »positive« Veränderungsanreize und -impulse, kann sich der Fokus mit der Zeit kognitiv verschieben, sodass andere Werte wie zum Beispiel Kontinuität und Verbundenheit graduell an Relevanz und Bedeutsamkeit gewinnen. Der Grundwert Selbstausdruck dagegen bleibt erhalten und bildet den sinnstiftenden Rahmen.

Arbeiten Sie im Coaching die persönlichen Werte daher stets klar heraus. Der Lebensentwurf sollte der persönlichen Wertehaltung zugrunde liegen, das individuell Lebenswerte definieren, spiegeln und in sich aufnehmen. Ein Wertewandel erfordert immer eine erhebliche Anpassung oder Neugestaltung des Lebensentwurfs und bringt so oder so – frei- oder unfreiwillig – immer beachtliche Veränderungen in der Lebensgestaltung mit sich. Bestärken Sie die Coachees einen Lebensentwurf zu wählen, der ihnen erlaubt, ihre Werte bejahend zu leben.

IDENTITÄT UND LEBENSGESTALTUNG: WER BIN ICH? UND WER WILL ICH SEIN?

Die Gestaltung des eigenen Lebensentwurfs erfordert, sich im Leben persönlich immer wieder festzulegen und eine bewusste Wahl zu treffen. Doch um sich und die eigene Lebensgestaltung überhaupt selbstbestimmt ausrichten zu können (→ handelndes Ich), müssen die Coachees erst einmal herausfinden (→ reflektierendes Ich), wer sie sind, was sie persönlich ausmacht (→ reales Ich), und welche persönliche Entwicklung und Identität sie eigentlich anstreben (→ ideales Ich). Die Coachees setzen sich also mit Ihrer Unterstützung auf mehreren, verschiedenen Ebenen mit ihrem Selbstkonzept und ihrer personalen Identität auseinander, um zentrale Lebensfragen klären und selbstregulative Prozesse vornehmen zu können.

Das heißt, etwas einfacher ausgedrückt: Erst wenn sich die Coachees in gewisser Weise darüber bewusst sind, wer sie (geworden) sind, können sie selbst wirksam Einfluss darauf nehmen, wer sie sein beziehungsweise werden wollen. Persönliche Veränderung und persönliches Wachstum setzen voraus, dass sie eine Vorstellung davon entwickelt haben, wer sie sind. Selbstregulative Prozesse und Entwicklungen können sich erst dann ereignen und initiiert werden, wenn die Coachees mit sich und ihrer Persönlichkeit und Identität wirklich vertraut sind und persönliche Bedürfnisse und Erfordernisse in ihrer persönlichen Entwicklung wahrnehmen und einschätzen können.

Genau genommen ermöglicht erst dieses »Wissen um sich selbst« einen selbstbestimmten und »selbstgemäßen« Lebensentwurf. Die Frage »Wie will ich leben?« ist also untrennbar verknüpft mit der Identitätsfrage. Die Coachees müssen sich damit beschäftigen, wer sie – heute – sind, um bestimmen zu können, wer sie morgen – in Zukunft – sein möchten. Natürlich ist es nicht möglich, ein vollkommen anderer Mensch zu werden, eine durchgängig gewandelte Identität anzunehmen und sein gesamtes Selbst restlos zu verändern.

Eine personale Identität zu haben bedeutet, dass man sich selbst trotz individueller Entwicklung über die Zeit und in verschiedenen Situationen und Kontexten als der- beziehungsweise dieselbe wahrnimmt. Dennoch kann sie sich – auch in Wechselwirkung mit äußeren Einflüssen und unter Einwirkung sozialer Faktoren und der Umwelt – zumindest graduell wandeln und zumindest in gewissen Bereichen selbst neu entworfen und gebildet werden.

So gesehen ist die Gestaltung des eigenen Lebensentwurf eine wirkungsvolle Methode, um den Prozess der Identitätsbildung und Selbstverwirklichung proaktiv zu beeinflussen. Der Lebensentwurf gibt den Coachees die Möglichkeit, sich in der Gestaltung ihres Lebens in bestimmten Bereichen oder Aspekten neu zu erfinden und die persönliche Identität zumindest in Teilen neu zu definieren beziehungsweise zu konstruieren. Der Lebensentwurf wird an das (neue) Selbstkonzept angelehnt.

Die Neu- oder Umgestaltung des eigenen Lebensentwurfs bedeutet also ein Stück weit alltägliche Identitätsarbeit. Die Coachees richten ihre persönlichen Aktivitäten, Denk- und Verhaltensweisen darauf aus, so zu werden, wie sie sein möchten. Dazu stimmen sie sich innerlich und äußerlich immer wieder neu ab und befassen sich aktiv und prozesshaft mit sich, ihrem Leben und den Geschehnissen um sie herum.

BEISPIELE AUS DER PRAXIS

- Merle ist Lehrerin und hat im Coaching herausgefunden, dass sie hochsensibel ist. Seitdem hat sich ihre gesamte Selbstwahrnehmung und Lebensgestaltung verändert. Sie versucht nicht mehr, gegen ihre Feinfühligkeit anzukämpfen. Vielmehr sucht sie nun nach Wegen und Lösungen, wie sie in Beruf und Privatleben damit kreativ umgehen kann. Sie überlegt sogar eine Arbeitsgruppe zum Thema Hochsensibilität bei Schülern zu entwickeln, die kostengünstige Konzepte entwickelt, wie Lernräume in Regelschulen mit einfachen Mitteln umgestaltet werden können, damit diese möglichst reizarm und konzentriert lernen können.

- Noah möchte innerlich unbedingt souveräner werden. Von seinem familiären Umfeld wird er ständig gedrängt, mehr aus sich herauszugehen und endlich mehr »Emotionen« zu zeigen. Sein Chef hat ihm schon mehrfach geraten, öfter mal auf den Tisch zu hauen und in seinem Auftreten männlicher zu werden. Als Noah sich eingestehen kann, dass er im Kern wohl immer ein ruhiger und eher in sich gekehrter Mensch bleiben wird, gelingt es ihm in zwischenmenschlichen Situationen wesentlich entspannter und dadurch selbstbewusster aufzutreten und sogar in Konflikten souverän »bei sich zu bleiben«. Dadurch, dass er nicht mehr versucht, sich zu verbiegen, wirkt er auf andere plötzlich männlicher und selbstsicherer, aber auch irgendwie lässiger und fröhlicher.
- Aman hat ein exzellentes Jobangebot erhalten. Freuen kann er sich darüber nicht so recht. Er ist sich überhaupt nicht sicher, ob er so viel Zeit und Energie in seine berufliche Karriere investieren will. Er rätselt, ob es ihm nicht viel mehr entspricht, naturnah zu leben, sich gleichberechtigt in die Erziehung einzubringen und einen kleinen Laden mit selbstgemachten Produkten zu betreiben.
- Aufgrund früher Prägungen und Erfahrungen fällt es Selina unheimlich schwer, im Alltag innerlich unbeschwert und entspannt mit anderen Menschen zusammen zu sein. Sie hat große Angst davor, sich selbst bloßzustellen oder zu blamieren. Aus diesem Grund kann sie nur schwer Lebensfreude ungehemmt empfinden und ausdrücken. Sie sehnt sich jedoch sehr danach. Sie möchte wirklich lernen, weniger kritisch mit sich selbst umzugehen und lernen, innerlich locker zu lassen. Ihr ist bewusst, dass dies möglicherweise nicht von heute auf morgen gelingen wird, und doch glaubt sie fest daran, sich mit etwas Übung und professioneller Hilfe von außen langfristig ein wenig umpolen und eine »lebenslustigere Version« werden zu können.

Diese Beispiele zeigen, wie unterschiedlich die Anlässe sein können, um sich mit dem Lebensentwurf zu beschäftigen.

WISSENSINSEL

In der Wissenschaft besteht theoretisch Einigkeit darüber, dass Menschen nicht von Geburt an eine reife Identität besitzen, sondern diese zum Teil erst im Verlauf Ihres Lebens im Kontext spezifischer Anforderungen individuell erwerben und herausbilden. Erik H. Erikson verortete die Entwicklung der Identität in der Adoleszenz, also dem Zeitraum von der späten Kindheit über die Pubertät bis hin zum vollen Erwachsensein, zwischen den Polen Identitätssynthese und Identitätskonfusion (Erikson 1980). Daraus folgten zahlreiche weitere Ansätze und empirische Untersuchungen, zum Beispiel die von James E. Marcia, Susan Krauss Whitbourne, Michael D. Berzonsky und Dan P. McAdams, in denen vor allem die verschiedenen Dimensionen der Identitätsentwicklung aufgezeigt werden konnten.

Moderne Untersuchungen konnten belegen, dass sich Aufgaben in der Identitätsentwicklung, die früher eindeutig der Phase der Adoleszenz zugeschrieben wurden, zeitlich teilweise nach hinten verschoben haben. Daher wird mittlerweile von einer verlängerten Identitätsentwicklung und einer »Emerging Adulthood« als neuer Entwicklungsstufe ausgegangen. Demzufolge vollzieht sich die Entwicklung der persönlichen Identität heutzutage über einen längeren Zeitraum, der über die Adoleszenz und bis weit über das 30. Lebensjahr hinausreicht. Als Gründe werden die zunehmende Pluralität und Instabilität im beruflichen und partnerschaftlichen Bereich sowie ein verstärkter Selbstfokus und ein sich verfestigendes Gefühl des »Dazwischenseins« zwischen Jugendlich- und Erwachsensein angeführt. Die norwegische Forscherin Jane Kroger konnte zeigen, dass gegenwärtig nur rund 34 Prozent der jungen Erwachsenen im Alter von 30 Jahren eine reife Identität aufweisen (Kroger 2015).

Einige Wissenschaftler nehmen an, dass die Identitätsentwicklung im Erwachsenenalter andauert und sich auch auf das höhere Erwachsenenalter und im Sinne einer zunehmenden Ganzheit und eines zunehmenden Selbstverständnisses auf die gesamte Lebensspanne erstreckt beziehungsweise erstrecken kann, wenn beispielsweise Identitätskonflikte an die Bereitschaft andocken, sich persönlich wesentlich zu verändern und weiterzuentwickeln. Hierzu stehen empirische Forschungsergebnisse noch aus.

In der Identitätsarbeit wird erkennbar, wie die Coachees sich, also ihr Selbst, als Einheit sehen und wahrnehmen. Dazu müssen sie sich einerseits ihre biografische Vergangenheit vergegenwärtigen und ihre persönliche Entwicklungen anhand von subjektiven Erinnerungen und Erfahrungen reflektieren und resümieren und andererseits Bezug nehmen auf aktuelle, persönliche Bedürfnisse, Befindlichkeiten und Lebensabsichten.

Trauen Sie sich, im Coaching die Identitätsfrage direkt zu stellen. Wenn die Coachees sich persönlich weiterentwickeln möchten, müssen sie ihr einzigartiges Wesen und Sein wirklich erkennen und begreifen. Gleichzeitig sollten sie präzisieren, welche persönlichen Einstellungen, Denk- und Verhaltensweisen sie grundlegend beibehalten beziehungsweise verändern möchten. Dazu werden sie sich offen mit ihrer Lebensgeschichte – mit persönlichen Erinnerungen, Prägungen, tiefgreifenden Erlebnissen – befassen und sich auch ihrer gegenwärtigen persönlichen Konstitution und Lebenswirklichkeit – inklusive aller Unvollkommenheiten und Unzulänglichkeiten – stellen. Dazu ist einerseits eine innere Bereitschaft zur Selbstakzeptanz und andererseits eine innere Motivation notwendig, sich in seinem Sein und Wesen zumindest in Teilen ein Stück weit zu verändern.

Fragen Sie die Coachees, welche persönlichen Facetten und Eigenschaften sie zweifelsohne zu dem Menschen machen, der sie sind, was sie zutiefst ausmacht und auszeichnet. Fragen sie sie, wer sie gern sein möchten und zu welchem Lebensentwurf sie sich entschlössen, wenn sie keine Angst hätten, sich selbst zu leben.

- Was macht Sie ganz klar zu dem Menschen, der Sie heute sind?
- Worauf beruht Ihrer Ansicht nach Ihre Identität?
- Wer waren Sie früher, und wer sind Sie jetzt? Und wer möchten Sie in Zukunft sein?
- Was für ein Mensch möchten sie sein, mit welchen Eigenschaften und Merkmalen? Wer werden Sie sein, wenn Sie Ihr Leben wandeln?
- Was soll sich wesentlich verändern?
- Was möchten Sie dazu tun oder erlernen?
- Inwiefern müssten Sie sich persönlich möglicherweise noch weiterentwickeln?
- Wer sind Sie, wenn Sie so weiterleben?

Machen Sie im Coaching den Zusammenhang zwischen Lebensgestaltung, Lebensentwurf und persönlicher Entwicklung deutlich und begreiflich.

TIPP

Oft besteht Unsicherheit, ob die eigenen Potenziale, Fähigkeiten, Ressourcen ausreichen oder genügen. Die Coachees fragen sich: »Was, wenn ich am Ende doch der/die Alte bleibe? Was, wenn es mir am Ende doch nicht gelingt, der/die zu werden, der/die ich sein will? Was, wenn ich bei meiner persönlichen Transformation keine Unterstützung erhalte? Oder meine Kraft mich zu verändern am Ende nicht ausreicht?« Manche Coachees fürchten sich vor der eigenen Schwäche, Inkompetenz und Inkonsequenz. Infolgedessen drehen sich viele nur noch in Schleifen, die sie »beherrschen« und kennen. Je öfter sie diesen Trip wiederholen, umso unvorstellbarer scheint es, auszusteigen und Neues zu beginnen.

Die Angst vor der eigenen Ohnmacht macht ohnmächtig, handlungsunfähig und lähmt. Gleichzeitig wird damit genau ein negatives Selbstbild gefestigt. Deswegen sind »Out-of-the-Box«-Situationen und Erfahrungen im Leben so wichtig. Selbst kleinste Abweichungen oder Unterbrechungen des Gewohnten, Vertrauten, Sicheren – und seien es nur kurze Auszeiten oder Experimente im Kleinen – können die wertvolle Einsicht vermitteln. Auch wenn ich mich in meinem Wesen und Sein nicht gänzlich verändern kann, so ist da doch etwas, das ich tatsächlich anders gestalten kann. Ich kann mich also offensichtlich doch anders verhalten und mich im positiven Sinn ein Stück weit umprogrammieren.

Auch wenn es nur wenige Minuten sind, die die Coachees am Tag anders gestalten, in denen sie ihr Leben nur um wenige Millimeter verrücken, so können sie doch schnell wieder eine andere Selbstsicht und ein anderes Lebensgefühl erlangen. Gleichzeitig können sie herausfinden, wie es sein kann, ein klein wenig anders zu sein und zu leben. Sie können feststellen, dass sich kleine Identitätssprünge lohnen, und so Mut auch für größere sammeln.

UMSETZUNG: KLEINE SCHRITTE DER VERÄNDERUNG

Laden Sie die Coachees ein, es auszuprobieren:

- Welches Experiment könnten Sie heute wagen, um etwas mehr darüber hinauszufinden, wer Sie künftig sein möchten?
- Wo möchten Sie testweise einmal »aus der Box springen«?
- Wie können Sie den Tag heute geringfügig anders gestalten?
- Was könnten Sie einmal ausprobieren, um sich Ihrem Ideal-Ich ein wenig anzunähern?
- Wie wäre es, sich für eine andere Kleidung, einen anderen Gang, ein anderes Mittagessen, eine neue Verabredung oder eine ungewöhnliche Form der Kommunikation zu entscheiden?
- Was wäre eine mutige Aktion in Richtung der Person, die Sie künftig gern sein möchten?

Kriterien für einen zeitgemäßen Lebensentwurf

Ich möchte an dieser Stelle gern nochmals zusammenfassen, was unter Berücksichtigung all dieser Prozesse und Erkenntnisse heutzutage einen gelingenden Lebensentwurf ausmacht. Aus meiner Sicht und Erfahrung sollte ein moderner Lebensentwurf folgende Kriterien erfüllen:

- Er spiegelt die Persönlichkeit und Identität der Coachees.
- Er orientiert sich an den persönlichen Werten, Wünschen, Bedürfnissen und Idealen.
- Er knüpft an die Erfahrungen der Coachees an.
- Er beruht auf Selbstverantwortung und erfordert Eigeninitiative.
- Er ermöglicht Selbstbestimmung.
- Er regt an zu persönlichem Wachstum und Potenzialentfaltung.
- Er schafft Klarheit über Zielsetzungen in wichtigen Lebensbereichen, fördert die Lebensqualität und Lebenszufriedenheit.
- Er ermöglicht eine weitgehend sinnorientierte, erfüllende Lebensgestaltung.
- Er bietet Orientierung innerhalb einer bestimmten Zeitspanne oder Lebensphase.
- Er schafft Bewusstheit über persönliche Entwicklungsaufgaben.
- Er verhilft dazu, Blockaden, Herausforderungen und Krisen zu bewältigen.
- Er steigert die Selbstwirksamkeit, den Selbstwert und das Selbstvertrauen.
- Er ist plastisch, das heißt, dynamisch und anpassungsfähig in Gesamtausrichtung und Umsetzung.
- Er nimmt Unvorhergesehenes produktiv auf.
- Er fördert die Kreativität, den Selbstausdruck und die Lebenslust.
- Er weckt Freude an Veränderungsprozessen.

- Er hat eine mehrheitlich positive Wirkung auf die Beziehung zu sich selbst, zur Natur und Umwelt.
- Er ist weitsichtig angelegt, wirklichkeitsnah und zukunftsorientiert.
- Er inspiriert und ermutigt andere Menschen ihren eigenen Lebensentwurf zu gestalten.
- Er unterstützt die seelische, geistige und körperliche Gesundheit.
- Er trägt dazu bei, das Zusammenleben mit anderen, der Umgebung und der Umwelt zu verbessen.
- Er ist visionär und nachhaltig verankert.
- Er nutzt die aktuelle Lebenssituation, die individuellen Umstände, Voraussetzungen, Fähigkeiten und Ressourcen.
- Er ist gestaltbar und wandelbar.
- Er ist fragmentarisch und unvollkommen im positiven Sinn.

Tauschen Sie sich mit Ihren Coachees darüber aus, um die Herangehensweise abzustimmen und ein Bewusstsein darüber zu schaffen, mit welchen Aspekten, Herausforderungen und Prozessen Sie sich im Coaching befassen werden. Fragen, welche Kriterien den Coachees persönlich besonders wichtig sind, und an welchen Kriterien diese sich innerlich eventuell noch reiben oder stoßen.

- Welche Punkte erscheinen Ihnen besonders bedeutsam, wenn Sie an die Gestaltung Ihres Lebensentwurfs denken?
- Welche Kriterien können Sie innerlich voll bejahen?
- Welcher der Punkte überzeugt sie möglicherweise nicht oder leuchtet noch nicht ganz ein?
- Wobei wünschen Sie sich Unterstützung?
- Wenn Sie die Punkte betrachten: Was wird für Sie möglicherweise die größte Herausforderung sein?
- An welchen Kriterien möchten Sie sich besonders orientieren, wenn Sie Ihren Lebensentwurf gestalten?
- Gibt es darüber hinaus noch einen Aspekt, der Ihnen wichtig ist?

Selbstverständlich ist es wichtig, dass Sie sich als Coach zuallererst auch selbst intensiv damit beschäftigen und auseinandersetzen, welche Kriterien Sie beim Coachen von Lebensentwürfen anlegen möchten, welche Herangehensweise und Haltung Sie prinzipiell als wichtig erachten. Natürlich können sie eine eigene Leitlinie definieren und formulieren, gemäß welchen Annahmen, Prämissen und Kriterien Sie Menschen in der Gestaltung ihres Lebensentwurfs begleiten möchten.

Für eine fruchtbare und tragfähige Zusammenarbeit halte ich es für unbedingt erforderlich, sich mit den Coachees transparent dazu abzustimmen, auf welche Grundsätze und Ansichten Sie sich in der Arbeit stützen möchten und worauf Sie ein besonderes Augenmerk legen wollen. Das beugt gleichzeitig falschen Annahmen und unrealistischen Erwartungen vor. Klären Sie, inwieweit die Coachees geeignete Voraussetzungen mitbringen, um den eigenen Lebensentwurf gestalten zu können.

- Inwieweit begreifen Sie sich selbst als aktive (Mit-)Gestalter Ihrer Lebenswirklichkeit?
- Inwieweit sind Sie bereit, Verantwortung für Ihre persönliche Entwicklung und Lebensgestaltung zu übernehmen?
- Inwieweit sind Sie gewillt, sich zentralen Lebensfragen zu stellen?
- Inwieweit sind Sie bereit, sich auch unbequemen oder außergewöhnlichen Themen zuzuwenden und die eigene Lebensführung aus unterschiedlichen Blickwinkeln zu betrachten?
- Inwieweit sehen Sie sich psychisch aktuell imstande, wegweisende und verhältnismäßige Entscheidungen über Ihre zukünftige Lebensgestaltung zu treffen?
- Inwieweit trauen Sie sich grundsätzlich zu, in nächster Zeit – natürlich mit professioneller Begleitung und Hilfe – schwierige Situationen und Probleme kreativ lösen und bewältigen zu können?
- Sind Sie bereit, Ihr Leben mit wachsender Achtsamkeit und Bewusstheit zu führen?

Sprechen Sie mit den Coachees offen darüber, inwieweit Sie derartige Voraussetzungen mitbringen beziehungsweise erfüllt sehen oder ob sie in einigen Bereichen spezifische Unterstützung benötigen. Fachsprachlich ausgedrückt können wir festhalten: Achten Sie auf die Resilienz der Coachees. Unter Umständen kann es notwendig sein oder werden, sich erst mit einigen vorgelagerten Themen zu befassen oder therapeutische Hilfe hinzuzuziehen.

WISSENSINSEL

Resilienz bezeichnet die psychische Widerstandsfähigkeit eines Menschen und drückt im Allgemeinen aus, inwieweit ein Mensch fähig ist, Herausforderungen und Krisen eigenverantwortlich durch innere Stärke und mithilfe persönlicher Ressourcen zu bewältigen. Diese Fähigkeit lässt sich im Rahmen eines Coachings erlernen beziehungsweise trainieren.

Studien haben gezeigt, dass Menschen abhängig von ihrer Resilienz unterschiedlich aus solchen Situationen hervorgehen. Resilienz bedeutet vom ursprünglichen Wortsinn her so viel wie »abprallen« oder »entgegenspringen«, ist also vergleichbar mit einem Ball, der eingedrückt wird und danach wieder in die ursprüngliche Form zurückkehrt.

Selbstverständlich schützt dies alles nicht davor, im Coaching zeitweise dennoch in schwierige und knifflige Situationen zu geraten. Es geht hierbei keineswegs darum, sich vor diesen bereits im Vorfeld abzusichern. Vielmehr finde ich es wichtig, sich solchen Betrachtungen zu widmen, damit Sie beidseitig ein Stück weit einschätzen und absehen können, auf welchen Prozess Sie sich einlassen, ob sich die Coachees den Aufgaben gewachsen fühlen und welche Herausforderungen sie – insbesondere in Übergangssituationen – möglicherweise erwarten.

Schwierige und komplexe Situationen meistern

Machen Sie sich bewusst, dass es im Coaching jederzeit zu abwehrenden Haltungen und Reaktionen kommen kann. Der eigene Lebensentwurf lässt sich nicht gestalten, ohne dass sich Sorgen, Ängste und Widerstände regen. Es ist ganz normal, dass sich in der Zusammenarbeit innerliche Hürden und Stolpersteine zeigen und auftun. Es ist sogar absolut zu erwarten, da sich die Coachees mit zentralen Lebensfragen und tiefgreifenden Veränderungs- und Entwicklungsprozessen befassen. Beispielsweise ist es nahezu unmöglich, einen neuen Lebensentwurf zu gestalten und sich und das eigene Leben zu transformieren, ohne bestimmte, jahrelange, persönlich gewonnene Überzeugungen aufzubrechen und zu wandeln.

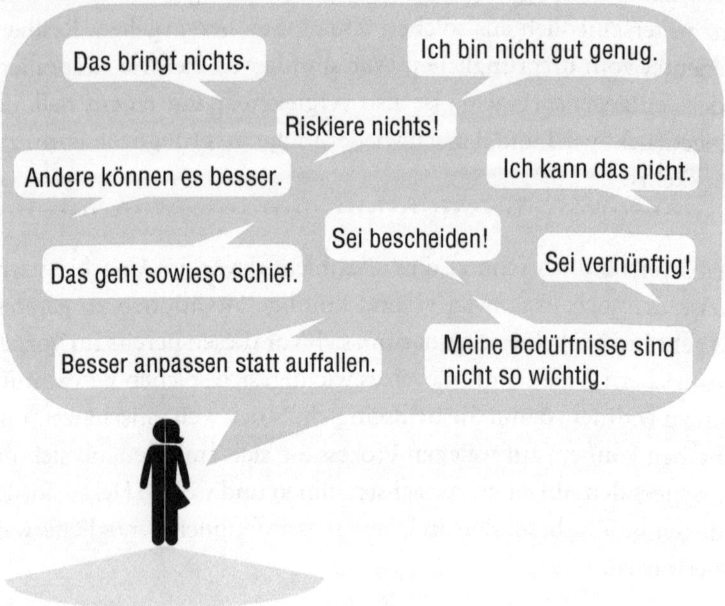

TIPP

Überzeugungen auf den Prüfstand zu stellen können Sie im Coaching sehr wirkungsvoll tun und erreichen, indem Sie die Coachees direkt mit ihren jeweiligen Überzeugungen konfrontieren und diese auffordern, Sie selbstkritisch zu hinterfragen und bewusst Stellung zu beziehen.

- Inwieweit stimmt das wirklich, dass Sie …?
- Ist das wirklich wahr?
- Sind Sie davon tatsächlich restlos überzeugt?
- Möchten Sie wirklich Ihr Leben danach ausrichten?
- Inwieweit entspricht diese Auffassung der Wirklichkeit?

Anschließend können Sie dazu übergehen, einen sinnvolleren, förderlichen Gedanken zu formulieren, auf den die Coachees in Zukunft Ihre Aufmerksamkeit und ihre Energie lenken möchten, wie zum Beispiel. Ich genüge, meine Bedürfnisse sind wichtig, Lebensfreude ist ebenfalls wichtig, ich darf Fehler machen und so weiter.

Psychische Abwehr ist menschlich. Sie kann sich kraftvoll gegen alles richten, was persönlich Angst oder Unlust bereitet oder erwartungsgemäß hervorrufen könnte. Es ist nichts Krankhaftes. Menschen setzen schon mit Beginn des Lebens Abwehrmechanismen ein und tun dies im Lauf ihres Lebens immer wieder. Sie tun dies hauptsächlich, um hierdurch – willentlich oder unbewusst – ihr persönliches Wohlbefinden und ihr Gefühl der Sicherheit zu stärken. Abwehrverhalten und Abwehrmechanismen bewirken, dass persönliche Gefühle von Angst, Unsicherheit, Unlust oder Unwohlsein gemildert beziehungsweise beseitigt werden und individuelle Bedürfnisse befriedigt werden – wenn auch meist nur vorübergehend oder flüchtig auf suboptimale, eher symbolische Weise.

Wenn Coachees Abwehrverhalten zeigen, so dient dies also dazu, intrapsychische Spannungen zu reduzieren. Dies wird erreicht, indem Wünsche und Bedürfnisse kompromisshaft befriedigt werden. Die Übernahme echter Selbstverantwortung wird dadurch umgangen beziehungsweise verhindert. Zentrale Fragen und Themen bleiben im Kern ungelöst, persönliche Weiterentwicklung und selbstbewusstes Tätigwerden in der Lebensgestaltung findet nicht statt, in der Folge wird auch kein Selbstvertrauen aufgebaut beziehungsweise entwickelt.

WISSENSINSEL

Abwehrmechanismen laufen ab, ohne dass die Coachees durch einen Willensakt etwas daran ändern können. Abwehrverhalten kann dagegen von den Coachees willentlich selbst unterdrückt werden, auch wenn das Verhalten den Eindruck erweckt, als scheine es automatisch abzulaufen.

Bei den Online-Materialien erhalten Sie eine Übersicht zum Abwehrverhalten, illustriert an Beispielen. Das soll Ihnen ein Gefühl dafür geben, wie vielfältig die Abwehrmechanismen sein können.

Die Frage ist nun für Sie, wie die Coachees subjektives Abwehrverhalten fallenlassen und überwinden können, damit diese ihr Leben tatsächlich eigenverantwortlich und selbstbestimmt gestalten. Gleichzeitig sollten Sie im Blick behalten, wann Sie sinnvollerweise auf eine Therapie hinweisen sollten.

Dazu ist es zunächst wichtig, die Coachees die verschiedenen abwehrenden Verhaltensweisen grundsätzlich kennenlernen. Im nächsten Schritt gilt es dann, sie zu identifizieren und deren (Aus) Wirkungen auf den Lebensentwurf zu verstehen. Anschließend ist es möglich, dass ein anderes Vorgehen – eine neue Sichtweise und Denkhaltung und andere Verhaltensweisen – zu wählen.

Das Erkennen des eigenen Abwehrverhaltens erlaubt den Coachees einen weniger verkrampften und vor allem bewusst gewählten Umgang mit neuen oder Angst machenden Situationen. Innere Widerstände werden klar und können überwunden werden. Dies gelingt mit der Zeit immer besser, indem die Coachees mehr und mehr lernen, ihre persönliche Einstellung und ihr Verhalten gegenüber Herausforderungen selbstkritisch zu hinterfragen, und indem sie lernen, ihre psychische Widerstandsfähigkeit zu stärken, sodass sie sich immer öfter aus freien Stücken selbstbewusst für reife(re) Einstellungen und Verhaltensweisen entscheiden und diese aufzugreifen beziehungsweise entwickeln können. Letztlich geht es darum, sich bestimmte Wahrheiten in Bezug auf die persönliche Konstitution und Lebenssituation einzugestehen und souverän mit Angst, Unlust, Unsicherheit oder Bedrohung umzugehen. Andernfalls bleibt nur der Weg, sich in der Gestaltung des eigenen Lebensentwurfs selbst zu blockieren, zu sabotieren oder zu entkräften.

Natürlich ist es unangenehm, sich einzugestehen, dass man Angst hat vor dem eigenen Misserfolg. Die Vorstellung, mit einem Vorhaben scheitern zu können, gefällt niemandem. Zuzugeben, dass der erste Schritt in einen neuen Lebensentwurf große Verunsicherung bringt, ist kein Zuckerschlecken. Anzuerkennen, dass man sich bestimmten Aufgaben und Herausforderungen nicht stellt, weil man möglicherweise die Zustimmung, Anerkennung oder Liebe anderer verliert, ist ebenfalls schwierig. Nach Rückschlägen tapfer an etwas festzuhalten, das einem persönlich wichtig ist, gelingt ebenfalls nicht ohne Weiteres. Entgegen innerer oder äußerer Widerstände überzeugt auf etwas Neues zuzugehen, das es in der Realität noch gar nicht gibt und durchaus mit Unsicherheiten belegt ist, ist immens schwierig. Aufzubrechen ohne eine verlässliche Perspektive zu haben, das kostet wirklich Überwindung. Mutig an ein besseres Leben, den eigenen Erfolg, die Liebe oder ein viel größeres Glück zu glauben – gerade dann, wenn die Realität nicht so aussieht, wie sie gewünscht wird, das ist wahrlich nicht leicht.

Trotzdem ist aber oft genau das der einzige Weg, die einzige Möglichkeit, die sich bietet, wenn es darum geht, das Leben zu führen, das wir uns im Herzen unserer Seele wirklich wünschen.

Wenn Coachees ihren eigenen Lebensentwurf selbstbestimmt gestalten möchten, werden sie immer wieder mit der Frage konfrontiert werden, inwieweit sie wirklich bereit sind, ihrer inneren Wahrheit zu folgen und auf eine neue Realität hinzuwirken – in dem Wissen, dass sie keine Garantie auf Erfolg bekommen.

Sich selbst bei der Umsetzung des eigenen Lebensentwurfs zu sabotieren bedeutet, sich selbst kreativen Möglichkeiten, Wegen und Perspektiven zu verschließen, die das Potenzial haben, zu gelingen und wirklich zu werden. Die Coachees entwickeln – ungewollt oder bewusst – Verhaltensweisen, die im schlimmsten Fall unmöglich machen, was sie eigentlich erleben und erreichen wollen und zum Teil auch schon im Aufbau begriffen war oder ist.

Oft ist es den Coachees nicht so bewusst. Sie (er)finden Ausreden, Gründe, Umstände, Konstellationen, die angeblich der Grund dafür sind, weshalb sie nicht so leben können, wie sie es insgeheim eigentlich möchten. Teilweise werden im Außen regelrechte Mini-Dramen inszeniert, um sich den inneren Hemmnissen nicht in aller Klarheit und Wahrheit stellen zu müssen. Selbst wenn es Gründe, Umstände und anderes mehr tatsächlich geben sollte, so ist es in letzter Instanz doch meist die eigene Angst, die die Coachees daran hindert, nach ihrem freiem Willen selbstbestimmt und mutig zu leben.

TIPP

Fragen Sie ihre Coachees:

- Warum setzen Sie selbst in dieser Situation ein Abwehrverhalten ein?
- Warum regt sich bei Ihnen nun innerer Widerstand?
- Welche Angst könnte dahinterstecken?
- Wenn Sie der Angst folgen, was wird dann aus Ihren Träumen, Bedürfnissen, Wünschen, Zielen …?
- Wie wäre es, wenn Sie jetzt einmal für eine Minute voll und ganz in diesem Gefühl zu bleiben und beobachten? Was geschieht?

Tatsächlich bewirkt das Verhalten, das die Coachees einsetzen, um eine angstbehaftete Situation nicht erleben zu wollen, oft genau das, das sie eben nicht erleben wollen. Wenn es Ihnen gelingt, den Coachees diesen Zusammenhang begreiflich zu machen, können diese die inneren Widerstände tatsächlich überwinden. Sie können sich dann überzeugt dazu entschließen, eine andere, ihrem Wesen und ihren Lebensbedürfnissen, ihren Wünschen und Werten gemäße Vorgehensweise zu wählen.

Damit innere Widerstände, selbstsabotierende und abwehrende Verhaltensweisen nicht nur kurzfristig gestoppt, sondern auch dauerhaft unterlassen und aufgegeben werden können, müssen die Coachees also verstehen, woraus ihr Verhalten gespeist ist: Welchen Ursprung haben die Verhaltensweisen? Von welchen Gedanken und Gefühlen gehen sie aus? Wenn die Coachees diesen Zusammenhang klar erkennen, können sie eine echte Veränderung und Transformation einleiten. Unterstützen Sie sie als Coach dabei, den Mut aufzubringen, wirklich genau hinzuschauen.

BEISPIELE AUS DER PRAXIS

- Rike überlegt, die vor Kurzen gegründete Selbstständigkeit wieder aufzugeben und in ein Anstellungsverhältnis zurückzukehren. Ihrer Ansicht nach verdient sie einfach nicht genug, obwohl sie offenkundig alles dafür tut, um in dem Gewerbe Fuß zu fassen, und sehr positive Rückmeldungen von ersten Kunden bekommt. Schließlich gesteht sie sich ein, dass sie Angst davor hat, dauerhaft zu wenig Kunden zu haben und ihren Traum nicht in aller Konsequenz leben zu können. Dann aber kann sie einsehen, dass es aktuell nur die eigene Ungeduld und ihre unrealistischen Erwartungen sowie Selbstzweifel sind, die ihren Erfolg behindern. Sie begreift, dass sie, wenn sie dieser Einstellung weiterhin folgt, ihren Lebenstraum selbst zerstört. Sie entschließt sich, diesen Fehler nicht mehr zu machen und sich nun mindestens noch ein

Jahr voll und ganz darauf konzentrieren, um einen verlässlichen Kundenstamm aufzubauen.

- Belek wollte eigentlich ein Buch schreiben, aber er hat die Idee wieder verworfen. Zunächst schiebt er als Grund vor, es sei ihm doch nicht so wichtig. Im Coaching wird schnell klar, dass die Strukturen in der Familie dadurch komplett aufgebrochen würden und sich die Rollen zwischen ihm und seiner Frau umkehren würden. »Ich habe Angst, meiner Frau die Verantwortung für den Lebensunterhalt zu überlassen. Ich habe Angst, sie könnte es besser machen und mehr verdienen. Was, wenn ich in ihren Augen dann total langweilig und unattraktiv bin?« Erst nach und nach dämmert ihm, wie »unsexy« es wäre, ängstlich in einer konservativen Einstellung zu verharren und das Buch nicht zu schreiben … Ganz abgesehen davon war ihm noch gar nicht in den Sinn gekommen, dass er mit dem Buch auch erfolgreich sein und neue Einnahmequellen generieren könnte.

Das Benennen der Angst führt dazu, dass sie plötzlich (be)greifbar wird. Sie bestimmt die Coachees nicht mehr diffus und führt zu merkwürdigen Reaktionen, sondern zeigt sich als klare Gestalt. Gleichzeitig wird ihnen bewusst, dass es in der Regel ein einziger Gedanke ist, der das Gefühl der Angst hervorruft, und dass die Angst schwindet, sobald sie erklärlich ist und der Gedanke durch einen anderen Gedanken beziehungsweise eine andere innere Haltung und Einstellung ersetzt wird.

Insofern ist es extrem wichtig, mit den Coachees förderliche, sich selbst bestärkende Sichtweisen, Gedanken und Einstellungen zu entwickeln, die ihnen helfen, persönliche Anliegen und Lebensabsichten auch unter widrigen Umständen und in beängstigenden Situationen selbstbewusst zu verfolgen und zu realisieren. Es geht dabei gar nicht darum, die Angst vollkommen zu beseitigen oder auszuschalten, was in den meisten Fällen sowieso unmöglich ist. Vielmehr geht es darum, sich die Angst in gewisser Weise zunutze zu machen und über sie zu neuen, reiferen Überzeugungen und konstruktiven Gedanken und Ansichten zu kommen. So wird die Angst zu einer hilfreichen Emotion, die viel Kraft und Energie freisetzen kann.

Auf diese Weise lernen die Coachees, sich selbst Vertrauen zu schenken, ihren Ängsten innerlich etwas entgegenzusetzen und weitreichendere Veränderungen und Herausforderungen auch dann zu wagen, wenn sie deren Auswirkungen und Folgen nicht zu 100 Prozent einschätzen und überblicken können.

Extrem wichtig finde ich, dass die Coachees sich grundsätzlich mit dem Gedanken vertraut machen, dass ein Leben, das keine Risiken, Gefahren und Unwägbarkeiten bietet, in der Welt, in der wir heute leben, unmöglich ist. Es bringt wenig, den eigenen Lebensentwurf aus Angst vor Unsicherheit und Kontrollverlust so weit zu verkleinern, bis der Eindruck entsteht, alles subjektiv überschauen zu können und im Griff zu haben. Das Leben ist komplex, und insbesondere ein neuer Lebensentwurf bringt in der Regel eine erhöhte Komplexität mit sich, weshalb die Coachees unbedingt ihre Fähigkeit trainieren sollten, mit Unkontrollierbarem umgehen und »leben« zu können. Je größer deren innere Bereitschaft ist, sich auch undurchsichtigen, teilweise stressigen Situationen zu stellen, je mehr das Vertrauen in sie selbst wächst, gute Lebensentscheidungen auch dann treffen und umsetzen zu können, wenn sie nicht jedes Detail und jede Wirkung im Vorfeld kennen oder geprüft haben, desto weniger müssen sie Situationen herbeiführen, in denen sie eigene Impulse, Wünsche und Bedürfnisse abwehren und die Lebenskomplexität in gewisser Weise »künstlich« reduzieren.

WISSENSINSEL

Das Konzept der Antifragilität geht von der Annahme aus, dass es Entwicklungen und Prozesse gibt, die von unvorhersehbaren Zufällen, Kräften und Erscheinungen profitieren. Demnach wird alles, was von zufälligen Ereignissen und Dynamiken mehr profitiert, als dass es dadurch Schaden nimmt, als antifragil bezeichnet.

Als Fähigkeit bedeutet Antifragilität, dem, dessen wir uns im Leben nicht gewahr sind oder gewahr sein können, positiv gegenüberzustehen und es kreativ und produktiv für sich nutzbar zu machen, sodass etwas Besseres entsteht oder daraus hervorgeht.

Antifragilität erlaubt Menschen Prozesse gelingend und erfolgreich in Gang zu setzen, obschon sie in hohem Maße unabsehbar, unerklärlich, unkalkulierbar und von Zufälligkeiten abhängig sind. Die Voraussetzung dafür ist jedoch, dass Menschen bereit sind, persönliche Risiken und unkontrollierbare Situationen einzugehen. Sie müssen also eine gewisse Risikofreudigkeit entwickeln und bereit sein, ihr Glück zumindest zeitweise aufs Spiel zu setzen.

Menschen, die Zutrauen in sich und ihre eigenen Fähigkeiten entwickeln und obendrein ihrer Welt und Umwelt Vertrauen entgegenbringen können, haben ein geringeres Sicherheitsbedürfnis und benötigen im Leben weniger Kontrolle. Sie können den Mut aufbringen, in ihrer Entwicklung und Lebensgestaltung auch neue Felder und Bereich zu erschließen, ohne im Vorfeld bereits alles zu wissen, zu kennen und zu können. Sie können sich dem Leben leichter öffnen und gestalten, den Weg, den sie sich wert sind, entschlossen, lernwillig und mutig. Sie unterstützen sich selbst in ihrer Entwicklung und bei Herausforderungen, so gut sie können und widmen sich ihrem Leben in größtmöglicher Liebe, Hingabe und Freude. So gesehen gibt es kein Scheitern – nur Wachstum und Erfahrungen.

UMSETZUNG: KURZE FANTASIEREISE

Sie können mit Ihren Coachees beispielweise eine kurze Fantasiereise machen: »Stellen Sie sich einmal vor, Sie müssten zwischen zwei Reisen wählen. Die eine könnten Sie relativ preiswert buchen, ohne sich finanziell groß querzulegen. Sie dauert sechs Wochen, mit normaler Verpflegung, Strand, Sonne, täglicher Animation und Pool. Jeder Tag verläuft gleich, abgesehen von zwei Ausflügen ins Landesinnere. Die andere Reise beträgt nur vier Wochen, kostet das Doppelte und beinhaltet eine längere Anreise. Im Preis enthalten sind Touren, die auf eigene Faust unternommen werden können und Abenteuerfeeling, eine Nacht unter freiem Himmel und Begegnungen mit einheimischen Künstlern versprechen. Welche Reise würden Sie wählen?«

Übertragen auf die Lebensentwurfsgestaltung möchte ich warnen: Natürlich gibt es Coachees, die es in ihrem Leben immer simpel und einfach halten und damit »ganz gut fahren«. Ich bezweifele allerdings, dass es ihnen – vor allem – langfristig Erfüllung und Freude bereiten wird, wenn sie stets den mühelosen, erschwinglichen Weg wählen, den sie ohne viel Aufwand und besonderes Engagement bewältigen können. Er wird allenfalls wenig Abwechslung und Veränderung bringen, die Lust auf diese Art zu leben wird mit fortschreitender Zeit wahrscheinlich vergehen. Warum? Die Coachees werden spüren, dass das, was sie tun und erleben, eben noch lange nicht alles ist. Auch, wenn es vielleicht ganz schön ist, nur eine klitzekleine Spur anders zu leben, so leben sie doch unter ihren Möglichkeiten. Sie verwirklichen sich nicht in dem Maß, wie sie eigentlich könnten.

Wenn Sie sich mit den Coachees proaktiv an einen neuen oder alternativen Lebensentwurf herwagen, dann sollten sie den »auserlesensten«, auswählen, den sie sich vorstellen können. Ein Lebensentwurf taugt dann etwas, wenn er anspruchsvoll ist und zu Neuem wirklich herausfordert. Er sollte nicht mit einem einzigen Fingerschnippen realisierbar sein, sondern den Coachees durchaus etwas abverlangen. Er sollte nicht planbar, sondern zu einem gewissen Teil unberechenbar und unvorhersehbar sein und auf Zufälle setzen, und es notwendig machen, dass die Coachees sich weiterentwickeln. Ansonsten ist die Gefahr zu groß, dass sie einfach im Alten stecken bleiben und innerlich versauern.

Der Lebensentwurf sollte eine sinnvolle, attraktive und lohnenswerte Herausforderung darstellen und den Charakter eines spannenden Selbsttrips besitzen, auf den sie sich neugierig einlassen. Es geht um mutige Potenzialentfaltung, um »volles«, intensives, lebendiges Leben. Die gedankliche Vorstellung darf durchaus etwas Adrenalin ausschütten.

Der eigene Lebensentwurf sollte daher nicht das Geringste widerspiegeln, was die Coachees sich für ihr Leben vorstellen und für möglich halten, sondern das Beste, individuell Lebenswerte. Es geht also in erster Linie um das Mögliche, nicht um das Machbare.

Warum? Ich bin überzeugt davon, dass es nichts Beglückenderes und Erfüllenderes gibt, als sich in seinem Wesen - mit seinen Möglichkeiten, Gaben, Eigenschaften und Fähigkeiten – selbst entfalten und erfahren zu können und zu dürfen und auf genau diese Weise maximalen Nutzen und Wert auch für andere zu stiften.

In diesem Sinne: Gutes Gelingen und im Zweifel immer LEBEN!

Teil 4

Anhang

Literaturverzeichnis

Arnet, Felix Maria (2018): Brutal gescheitert. Gabal.
Bauer, Joachim (2018): Wie wir werden, wer wir sind. Blessing.
Berndt, Christina (2020): Resilienz und Individuation. Sondereinband. dtv.
Berzonsky, Michael David (1981): Adolescent development. Macmillan.
Boothe, Brigitte (2010): Das Narrativ. Schattauer.
Brake, David B. (2017): Narrative Coaching. CNC Press
Breidenbach, Joana/Rollow, Bettina (2019): New Work needs Inner work. Vahlen.
Burnan, Bill/Evans, Dave (2017): Designing your Life. Random House.
Callesen, Pia (2020): Lebe mehr, grüble weniger. Beltz.
Denborough, David (2017): Geschichten des Lebens neu gestalten. Vandenhoeck & Ruprecht.
Dobelli, Rolf/EL Bocho (2017): Die Kunst des guten Lebens: 52 überraschende Wege zum Glück. Piper.
Dispenza, Joe (2013): Ein neues Ich. Wie Sie Ihre gewohnte Persönlichkeit in vier Wochen wandeln können. KOHA.
Dörner, Dietrich (2018): Die Logik des Misslingens. Strategisches Denken in komplexen Situationen. Rowohlt.
Dweck, Carol S. (2017): Mindset. Changing the Way you think to fulfill your Potential. Robinson.
Earley, Jay (2014): Meine innere Welt verstehen. Kösel.
Egger, Rudolf/Posch, Alfred (2015): Lebensentwürfe im ländlichen Raum. Ein prekärer Zusammenhang?
Engelhardt, Marc (2014): Völlig utopisch: 17 Beispiele einer besseren Welt. Kindle Edition.
Eisenstein, Charles (2017): Die Schöne Welt, die unser Herz kennt, ist möglich. Scorpio.
Fahrenberg, Jochen/Myrtek, Michael/Schumacher, Jörg/Brähler, Elmar (2001): Fragebogen zur Lebenszufriedenheit (FLZ). (2000). Hogrefe.
Erikson, E. H. (1980): Identität im Lebenszyklus. Suhrkamp.
Etrillard, Stephane (2017): Wenn ich weiß, wer ich bin, kann ich sein, wie ich möchte. Goldegg.
Fend, H. (1994): Die Entdeckung des Selbst und die Verarbeitung der Pubertät. Hans Huber.
Faltermaier, Mayring, Saup, Strehmel (2002): Entwicklungspsychologie des Erwachsenenalters.
Frieder R. Lang, Mike Martin, Martin Pingquart (2012): Entwicklungspsychologie. Erwachsenenalter. Hogrefe.

Gräb, Wilhelm (2000): Lebensgeschichten, Lebensentwürfe, Sinndeutungen. Gütersloher Verlagshaus.

Green, Christopher, D. (2020): Classics in the History of Psychology. Journal of Comparative Neurology and Psychology, *18*, S. 459–482. http://psychclassics.yorku.ca/Yerkes/Law/

Grout, Pam (2015): Wie Ihre Gedanken Ihre Welt verändern. Allegria.

Grout, Pam (2018): Entfessele deine Kreativität. 52 Projekte für ein kreatives Leben. Irisiana.

Grün, Anselm (2006): Gescheitert, Deine Chance. Vier-Türme.

Grün, Anselm/Robben, Ramona (2003): Gescheitert! Wenn Lebensentwürfe zerbrechen. Münsterschwarzacher Kleinschriften

Hamacher, Bernd (2010): Johann Wolfgang von Goethe. Entwürfe eines Lebens. Wbg.

Hammer, Matthias (2019): Micro Habits. Wie Sie schädliche Gewohnheiten stoppen und gute etablieren. mvg.

Haußer, K. (1995): Identitätspsychologie. Springer.

Heintze, Anne (2020): Urvertrauen. Wie du Heimat findest in dir selbst. GU.

Heintze, Anne (2016): Auf viele Arten anders: Die vielbegabte Scanner-Persönlichkeit. Leben als kreatives Multitalent. Ariston.

Herrmann, Horst (2008): Liebesbeziehungen – Lebensentwürfe. Eine Soziologie der Partnerschaft. Telos.

Holubek, Christine (2011). Montessori-Pädagogik: Ein Lebensentwurf. Lebenswege.

Horx, Matthias (2015): Zukunft wagen. Über den klugen Umgang mit dem Unvorhersehbaren. Pantheon.

Kaltenbrunner, Robert/Jakubowski, Peter (2018): Die Stadt der Zukunft: Wie wir leben wollen. Aufbau.

Keddi, Barbara/Pfeil, Patricia (1999): Lebensthemen junger Frauen. Die andere Vielfalt weiblicher Lebensentwürfe. Leske und Budrich.

Kiel, Volker/Schmeer, Gisela (2019): Analoge Verfahren in der systemischen Beratung. Vandenhoeck & Ruprecht.

Knapp, Natalie (2013): Kompass neues Denken (2013). Rowohlt.

Knetsch, Jack L. (1989): The Endowment Effect and Evidence of Nonreversible Indifference Curves. In: The American Economic Review. Bd. 79, Nr. 5, 12/1989, S. 1277–1284.

Knieps-Port le Roi, Thomas (2013): Band der Liebe – Bund der Ehe. Versuche zur Nachhaltigkeit partnerschaftlicher Lebensentwürfe. eos.

Koisser, Harald (2016): Die Kunst sich zu verändern. Orak.

König, Karl (2007): Abwehrmechanismen. 4. Auflage. Vandenhoeck & Ruprecht.

Kroger, Jane (2015): Identity development through adulthood: The move toward »wholeness«. S. 65–80. In: McLean, K. C./Syed, M. (Hrsg.) (2015):

The Oxford. https://www.researchgate.net/publication/275337420_Identity_development_through_adulthood_The_move_toward_wholeness
Kumbier, Dagmar (2019): Das innere Team in der Psychotherapie. 5. Auflage. Klett-Cotta.
Lancewoode, Miriam (2018): In der Wildnis bin ich frei: Mein Leben in den Wäldern. Neuseelands Kindle Edition.
Ludwig, Petr/Kubin, Petra/Bogner, Gernot (2019): Schluss mit Prokrastination. Wie man aufhört zu verschieben und anfängt zu leben. Redline.
Mai, Jochen/Rettig, Daniel (2012): Ich denke, also spinn ich. dtv.
Marcia, J. E. (2002): Identity and psychosocial development in adulthood. Identity: An International Journal of Theory and Research, 2, S. 7–28
Margraf, Jürgen/Maier, Wolfgang (2012): Pschyrembel Psychiatrie, Klinische Psychologie, Psychotherapie. De Gruyter.
Maturana, Humberto R. (2001): Was ist Erkennen? Goldmann.
McAdams, D. P. (2011): Narrative identity. In: Schwartz, S. J./Luyckx, K./Vignoles, V. L. (Hrsg.), Handbook of identity theory and research, vol. 1. (S. 99–116). Springer.
Mc Gonigal, Jane (2016): Superbetter. Harper Collins.
Meißner, Joachim/Meyer-Kahrweg, Dorothee/Sarcowicz, Hans (2001): Gelebte Utopien: alternative Lebensentwürfe. Insel.
Mentzos, Stavros (2015): Lehrbuch der Psychodynamik. 7. Auflage. Vandenhoeck & Ruprecht.
Meyer, Hermann (2010): Lebensmuster erkennen und wandeln. Goldmann.
Mertens, Sabine (2014): Wie Zeichnen im Coaching neue Perspektiven eröffnet. Beltz.
Migge, Björn (2016): Sinnorientiertes Coaching. Beltz.
Mikkelsen, Kenneth; Martin, Richard: (2019): The Neo-Generalist: Where You Go is Who You are. LID Publishing.
Nicodemus, Ryan (2018): Minimalismus: Der neue Leicht-Sinn. GU.
Oerter, Rolf/Montada, Leo (Hrsg.) (2002): Entwicklungspsychologie. (5. Auflage) Beltz.
Peseschkian, H./Remmers, A. (2013): Positive Psychotherapie. Reihe: Wege der Psychotherapie. Ernst Reinhardt.
Petzold, Hilarion G./Orth, Ilse (Hrsg.) (2007): Die neuen Kreativitätstherapien. Band 1 und 2. Edition Sirius.
Pilch Ortega, Angela (2009): Indigene Lebensentwürfe. Verlag für Sozialwissenschaften.
Pink, Daniel H. (2009): Drive: The Surprising Truth About What Motivates Us. Riverhead.
Recke, Tobias von der/Wolter-Cornell (2016): Dimensionen systemischer Familienrekonstruktion: Lebensentwürfe in familiärem, historischem und politischem Kontext. Vandenhoeck & Ruprecht.

Reichhart, Tatjana (2019): Das Prinzip Selbstfürsorge. Kösel.
Riemann, Fritz (2019): Grundformen der Angst. Reinhardt.
Riedel, Susanne (2014): Polyamorie – ein alternativer Lebensentwurf. Akademie Verlag.
Ritter, Denise (2020): 75 Coachingkarten Den eigenen Lebensentwurf gestalten. Beltz.
Ritter, Joachim/Gründer, Karlfried (Hrsg.) (2007): Historisches Wörterbuch der Philosophie. Gesamtwerk Bd. 1–13. Band 1. Schwabe.
Sandberg, Nora (2019): Resilienz. Das kleine 1x1 psychischer Widerstandskraft: mit dem 7 Säulen-Prinzip Resilienz trainieren, Stress bewältigen, Depressionen vorbeugen und innere Stärke aufbauen. Independently published.
Sawatzki, Birgit (2004): Qu(e)er zur Familie: Lebensentwürfe lesbischer Mütter. Tectum.
Satir, Virginia (2020): Meine vielen Gesichter: Wer bin ich wirklich? Kösel.
Schmeer, Gisela (2006): Die Resonanzbildmethode. Visuelles Lernen in der Gruppe. Selbsterfahrung – Team – Organisation. Leben Lernen.
Schmeer, Gisela (2019): Krisen auf dem Lebensweg. Psychoanalytisch-systemische Kunsttherapie. 2. Auflage. Leben Lernen.
Schmidt, Gunter (2004): Konferenzen mit der inneren Familie und deren hypnotische Wirkungen. Auditorium.
Schnell, Anna/Schnell, Nils (2019): New Work Hacks. Springer Gabler.
Schulz von Thun, Friedemann/Stegemann, Wibke (Hrsg.) (2004): Das Innere Team in Aktion. Praktische Arbeit mit dem Modell. Rowohlt.
Schwartz, Richard (2011): Das System der inneren Familie. Ein Weg zu mehr Selbstführung. BoD.
Schwiter (2011): Lebensentwürfe junger Erwachsene im Spannungsfeld zwischen Individualität und Geschlechternormen.
Seiffge-Krenke, Inge (2017): Widerstand, Abwehr und Bewältigung. Vandenhoeck & Ruprecht.
Seiffge-Krenke, Inge (2015): Identität und Beziehungen: Herausforderung für die Versorgung. In: PP 14, Ausgabe November 2015, S. 500.
Sher, Barbara (2011): Ich könnte alles tun, wenn ich nur wüsste, was ich will. dtv.
Sieberichs, Monika (2018): Krisen? Geil. Mutmacher Media.
Sinek, Simon (2018): Finde dein Warum: Der praktische Wegweiser zu deiner wahren Bestimmung. Redline.
Stern, W. (1918). Grundgedanken der personalistischen Philosophie. Reuther & Reichard.
Storch, Maja (2016): Machen Sie doch, was Sie wollen. Wie ein Strudelwurm den Weg zu Zufriedenheit und Freiheit zeigt. Hogrefe.

Taleb, Nicholas Nassim: (2013): Antifragilität: Anleitung für eine Welt, die wir nicht verstehen. Knaus.

Thomashoff, Hans-Otto (2017): Das gelungene Ich: Die vier Säulen der Hirnforschung für ein erfülltes Leben. Ariston.

Tugend, Alina (2011): Tiptoeing oot of one's comfort zone (and of course, back in). New York Times. https://www.nytimes.com/2011/02/12/your-money/12shortcuts.html?auth=login-email&login=email

Veenhoven, Ruut (2015) What we have learned about happiness. Classic calms in the light of recent research. Social Indicators Research, vol. 60. In: Michalos, Alex C.: A Live Devoted to Quality of Life.

Veenhoven, Ruut (2000): The four qualities of life: Ordering concepts and measures of good life. Journal of Happiness Studies, 1:39.

Vogel, Rebecca (2020): Erzähl dein Leben neu. Wie Storytelling dir zeigt, wer du wirklich bist. Knaur.

Walsch, Neale Donald/Kahn-Ackermann, Susanne (2013): Wenn alles sich verändert, verändere alles. Goldmann.

Walsch, Neale Donald (2003). Erschaffe dich neu. Goldmann.

Wery von Limont, Sabine (2018): Das geheime Leben der Seele. Mosaik.

Whitbourne, Susan Krauss/Weinstock, Comilda S. (1982): Die mittlere Lebensspanne. Urban und Schwarzenberg.

Ziolkowski, Silvia (2016): Bau Dir Deine Zukunft. Springer.

Zobel, Franziska Viviane (2019): Stell dir vor, die Zukunft wird wundervoll und du bist schuld daran. Komplett Media.